CHINA LAW EDUCATION RESEARCH

教育部高等学校法学类专业教学指导委员会
中国政法大学法学教育研究与评估中心　主办

中国法学教育研究
2018年第3辑

主　　编：黄　进
执行主编：曹义孙
副 主 编：李树忠

中国政法大学出版社

2018·北京

声　明　1. 版权所有，侵权必究。

　　　　2. 如有缺页、倒装问题，由我社负责退换。

图书在版编目（CIP）数据

中国法学教育研究. 2018年. 第3辑/黄进主编. —北京：中国政法大学出版社，2018.9
　ISBN 978-7-5620-8552-2

Ⅰ.①中… Ⅱ.①黄… Ⅲ.①法学教育－中国－文集 Ⅳ.①D92-4

中国版本图书馆CIP数据核字(2018)第217048号

出 版 者	中国政法大学出版社
地　　址	北京市海淀区西土城路 25 号
邮寄地址	北京 100088 信箱 8034 分箱　邮编 100088
网　　址	http://www.cuplpress.com（网络实名：中国政法大学出版社）
电　　话	010-58908524（编辑部）　58908334（邮购部）
承　　印	北京九州迅驰传媒文化有限公司
开　　本	650mm×960mm　1/16
印　　张	11
字　　数	150 千字
版　　次	2018 年 9 月第 1 版
印　　次	2018 年 9 月第 1 次印刷
定　　价	39.00 元

目录

法学教育

黄 进
关于《立格联盟院校法学专业教学质量标准》的说明……3

宁清同
我国法学教育培养目标的偏失与矫正探析……18

刘 永
善好公民的育化与宪法专业教育的主旨……43

陈 璐
论刑法学教育的基本维度及其几个关系……55

张惠彬　吴运时
改革开放以来中国知识产权本科教育之嬗变……72

课堂与教学

何珊君
基于 MOOC 与翻转课堂理念的跨学科研究生教学模式探索
　　——以"中国社会与法治"课程为示例……87

郑颖慧
《中国法制史》课程定位及其教学思路探索……101

法律职业

莫爱新

"法律职业指引沙龙"活动的实施与开展
　　　　——法律职业伦理与职业能力教育的一种方式探讨……123

百花园

刘希庆

法科大学生心理咨询案例研究……135

卜路军

首都高校征兵动员模式探析
　　　　——基于三所高校征兵个案的比较研究……145

熊金武

新时代中国传统优秀企业家精神传承教学与培育……163

Legal Education

Huang Jin
Explanation of "Teaching Quality Standards of Law Majors in Legal Alliance Universities" ······3

Ning Qingtong
The Bias and Correction of Training Objective in Chinese Law Education······18

Liu Yong
Cultivation of Good Citizen and the Theme of Constitutional Education······43

Chen Lu
On the Basic Dimensions of Criminal Law Education and Several Relations······55

Zhang Huibin Wu Yunshi
The Evolution of China's Undergraduate Intellectual Property Education since the Reform and Opening-Up······72

Curriculum and Teaching

He Shanjun
Exploration of Trans-Subject Teaching Mode Based on the Concept of MOOC and Flipped Classroom: Take the Course of "China's Society and Govern of Law" as an Example······87

Zheng Yinghui

The Orientation and Teaching Thought Exploration on Chinese Legal History Course……101

Legal Profession

Mo Aixin

Implementation of the "Legal Career Guide Salon": A Discussion on a Way of Legal Professional Ethics and Professional Ability Education……123

Spring Garden

Liu Xiqing

Case Study of College Students' Psychological Counseling……135

Pu Lujun

Analysis on the Mode of Recruiting and Mobilizing in Capital Universities: Based on a Comparative Study of the Recruitment Cases of Three Universities ……145

Xiong Jinwu

Inheritance and Cultivation of Chinese Traditional Excellent Entrepreneurship in the New Era……163

法学教育

Legal Education

关于《立格联盟院校法学专业教学质量标准》的说明	黄　进
我国法学教育培养目标的偏失与矫正探析	宁清同
善好公民的育化与宪法专业教育的主旨	刘　永
论刑法学教育的基本维度及其几个关系	陈　璐
改革开放以来中国知识产权本科教育之嬗变	张惠彬 吴运时

关于《立格联盟院校法学专业教学质量标准》的说明

◎黄 进*

一、制定背景

"立格联盟"（Legal Alliance，LA）是全国政法类大学的联盟。"立格"由英文 legal 音译而来，选用"立格"二字，有确立规矩、建立规格、创立制度、树立标准的意思。2010 年 5 月 30 日，中国高等教育领域的五所名牌政法院校，即中国政法大学、西南政法大学、华东政法大学、中南财经政法大学、西北政法大学共同创立该联盟。随着立格联盟影响力的逐渐扩大，到 2017 年，甘肃政法学院、上海政法学校、山东政法学院相继加入，立格联盟院校已经扩展到 8 所。"立格联盟"以"立格"为首要目标，就是要为中国法治建设"立格"做贡献，既一如既往地为依法治国、建设社会主义法治国家而担当重任，努力奋斗。也要为中国法学教育"立格"，即为法学教育的标准化、规范化、现代化，为法治人才培养质量的提高添砖加瓦，发挥主力军的作用。

---

* 黄进，中国政法大学校长、法学教授，中国法学会副会长，中国国际私法学会会长。

这一愿景自始而生，历经八载，仍初心未改。我们坚信，随着立格联盟的不断向前发展，立格联盟定会不断走向成熟，必将为中国法学教育"立格"不断做出新的贡献，引领中国法学教育的规范化、标准化、现代化。

2017年5月3日，习近平总书记考察中国政法大学时就全面依法治国和法治人才培养发表重要讲话，提出法学教育应坚持立德树人、德法兼修，为国家的全面依法治国培养更多的高素质法治人才。习近平总书记的这一讲话为中国法学教育的发展指明了方向，提出了要求，同时，也为"立格联盟"为中国法学教育"立格"提供了历史机遇。为深入贯彻落实习总书记在全国高校思想政治工作会议和考察中国政法大学时的重要讲话精神，促进政法院校服务全面推进依法治国战略，服务中国特色社会主义法治体系建设，服务法治国家、法治政府、法治社会建设，为法治领域培养高素质法治人才，我们在第八届立格联盟高峰论坛上正式发布《立格联盟院校法学专业教学质量标准》（以下简称《立格联盟标准》），真正实现"立格联盟"的成立愿景，为中国法学教育的规范化作出表率，为中国法学教育的规范化、标准化、现代化奠定基础。

二、制定过程

《立格联盟标准》的制定工作由来已久。"十二五"期间，国家教育事业发展规划中就有推出全国高等学校92个本科专业教学质量标准的计划，其中，《法学类专业教学质量国家标准》（以下简称《国家标准》）的制定委托给了教育部高等学校法学类专业教学指导委员会负责执行，作为法学教指委秘书处所在单位，中国政法大学很早就启动了《法学类专业教学质量国家标准》的研制工作，经过反复讨论修改，已基本完成《国家标准》的制定工作。

《立格联盟标准》的研制是紧接着《国家标准》的制定完成而启动的。其制定目的在于深化法学教育教学改革，创新法治人才培养机制，规范法治人才培养标准，提高法治人才培养质量。《立格联盟标准》的制定坚持改革、调整、创新的法治人才培养思路，基本依据是《国家中长期教育改革和发展规划纲要（2010～2020年）》与教育部《全面提高高等教育质量的若干意见》。制定过程中参考了《国家标准》，同时也充分考虑了立格联盟院校法学专业教学的实际情况。

《立格联盟标准》的研制工作由立格联盟秘书处所在单位中国政法大学负责组织实施，文本起草工作由中国政法大学法学教育研究与评估中心承担完成。经过半年左右的时间，到2017年6月底，形成《立格联盟标准》征求意见稿。7月初，立格联盟秘书处将征求意见稿发至各联盟院校征求意见。到7月10日，西南政法大学、华东政法大学、中南财经政法大学、西北政法大学、甘肃政法学院、上海政法学院和山东政法学院都及时反馈了意见，有的院校还提出了修改建议，其中一些意见和建议提得非常好，具有针对性、前瞻性和指导性，对《立格联盟标准》的完善起到重要作用。7月14日，秘书处在汇总整理反馈意见的基础上，对《立格联盟标准》文本进行了修改完善，尽可能将各联盟院校反馈的意见和建议纳入其中，最终形成了定稿。7月17日，立格联盟理事会对《立格联盟标准》进行了认真审议，并获一致通过。7月18日，立格联盟第八届高峰论坛在山东政法学院举行，《立格联盟标准》在论坛上正式公开发布。

三、《立格联盟标准》的主要内容

《立格联盟标准》主要分为十个部分，分别是概述、适用专业范围、培养目标、培养规格、课程体系、教学规范、教师队伍、教学条件、教学效果和质量保障体系。每个部分具体对应立格联盟院校法学专业本科人才培养的一个环节，整体上构成了立格联盟院校法学专业教学质量的标准体系。

第一部分为概述，明确了《立格联盟标准》设立的目的，即深化法学教育教学改革，创新法治人才培养机制，规范法治人才培养标准，提高法治人才培养质量。并对制定的其他依据进行了梳理，界定了法学专业的基本属性，尤其是确定了法学专业职业教育的根本属性。

第二部分为适用专业范围，界定了《立格联盟标准》适用的专业对象，也就是法学专业，对应学科代码是030101K。

第三部分为培养目标，从政治思想素质和专业素质两个层面，同时结合国家和社会的需求进行界定，还对培养目标的修订提出了具体要求。

第四部分为培养规格，从学制与学位、知识要求、能力要求和素质要求四个层面进行了规范。确定法学专业基本学制为四年，可在四年制模式的基础上，实行弹性学制，但修业年限原则上不得低于三年，不得超过六年。

第五部分为课程体系，是标准的重点所在。确定培养方案总学分应争取控制在160学分左右，每节课课时原则上不少于45分钟。课堂外实践教学累计学分不少于总学分的15%。课程中应包括法律职业伦理课程，将法律实践教学和法律职业伦理教育贯穿于人才培养全过程。法学专业核心课程采取"10＋X"分类设置模式。"10"是指法学本科专业学生必须完成的10门专业必修课，包括：法理学、宪法学、中国法律史、刑法、民法、刑事诉讼法、民事诉讼法、行政法与行政诉讼法、国际法和法律职业伦理。"X"是指各院校根据办学特色为学生另行安排的其他专业必修课，包括：经济法、知识产权法、商法、国际私法、国际经济法、环境资源法、劳动与社会保障法、证据法、财税法和法学研究方法与写作。"X"选择设置门数由各院校自主决定，但原则上不得低于5门。

第六部分为教学规范，从教学过程规范和教学行为规范两个层面进行界定。

第七部分为教师队伍，从教师专业背景和教师水平要求两个大的层面进行界定，内容涉及教师的思想政治素质、教师职业伦理和教师专业水平，以及教师的实践经验和海外经历等。师生比确定为1∶18，与国家标准相同。

第八部分为教学条件，包括信息资源要求、教学设施和教学经费要求三块内容。本部分内容基本上不高于国家标准。

第九部分为教学效果，从课堂教学效果、教学成果和生源与就业三个层面界定。具体界定了专家评教、同行评教、学生评教等形式，确立教学效果评价结果应当作为教学工作考核、年度考核、聘期考核、教学奖励以及评优、职称评聘的依据。强调支持、鼓励法学专业毕业生赴基层、西部地区、少数民族地区工作。

第十部分为质量保障体系，从质量保障目标和质量保障规范与监控方面进行了指导性要求，没有具体细化，各院校可以结合自己的情况，建立自己的质量保障体系。

《立格联盟标准》是立格联盟院校共同确立的示范性、引领性、指导性的法学专业教学质量标准，略高于国家标准。它对于培养德才兼备的高素质法治人才，引领中国法学教育的规范化、标准化、现代化发展，具有重要的意义。《立格联盟标准》是立格联盟成立以来的标志性成果。《立格联盟标准》也是立格联盟院校践行的最低标准。其他政法院校可以参考借鉴这个标准办学。由于全国政法院校特别是立格联盟院校具体情况各异，《立格联盟标准》不可能照顾到所有的具体情况。由于制定标准的各种条件所限，《立格联盟标准》难免存在这样或那样的疏漏、不足，敬请同行专家学者批评指正。

立格联盟院校法学专业教学质量标准

一、概述

为创新立格联盟院校法治人才培养机制，深化法学专业教学改革，规范法治人才培养标准，提高法治人才培养质量，坚持改革、调整、创新的法治人才培养思路，遵循《国家中长期教育改革和发展规划纲要（2010~2020年）》与教育部《全面提高高等教育质量的若干意见》的要求，结合《法学类专业教学质量国家标准》的研究制定工作，根据立格联盟院校法学专业实际情况，设置本标准。

立格联盟院校法学专业以培养德才兼备的高素质法治人才为目标，服务于国家的全面依法治国战略，是素质教育和专业教育基础上的职业教育，具有很强的应用性和实践性。

本标准是立格联盟院校法学专业教学的基本标准，立格联盟院校可根据自身的办学定位和特色，根据本标准制定法学专业的教学质量标准，并对本标准中的条目进行细化规定，但不得低于本标准相关要求。鼓励立格联盟院校高于本标准办学。

二、适用专业范围

1. 专业代码（2012年9月）

法学专业类代码为0301

2. 本标准适用的专业

030101K　法学

三、培养目标

立格联盟院校法学专业人才培养要坚持立德树人、德法兼修，适应建设中国特色社会主义法治体系、建设社会主义法治国家的实际需要，既注重对学生传授法学理论知识，又注重培养学生的思想道德素养。培养德才兼备，具有扎实的专业理论基础和熟练的职业技能、合理的知识结构，具备依法执政、科学立法、依法行政、公正司法、高效高质量法律服务能力与创新创业能力，熟悉和坚持中国特色社会主义法治体系的应用型、复合型、创新型法治人才及后备力量，带动全社会遵法、学法、守法、用法，爱智、求真、向善、致美。

为适应国内外经济、政治和社会发展的实际需要，立格联盟院校法学专业的培养目标应当定期进行评估与修订。

四、培养规格

1. 学制与学位

立格联盟院校法学专业基本学制为四年，可在四年制模式的基础上，实行弹性学制，但修业年限原则上不低于三年，不超过六年。完成专业培养方案规定的课程和学分要求，考核合格，准予毕业。符合规定条件的，授予法学学士学位。

2. 知识要求

了解人文社会科学和自然科学的基础知识，牢固掌握本专业的基本知识和基本理论，并形成合理的知识结构。

3. 能力要求

具备独立自主地获取和更新本专业相关知识的学习能力；具备将所学的专业理论与知识融会贯通，灵活地综合应用于专业实务之中的基本技能；具备利用创造性思维方法开展科学研究工作和创新创业实践的能力；具备较高的计算机操作能力和外语能力。

4. 素质要求

热爱社会主义祖国，拥护中国共产党的领导，掌握中国特色社会主义理论体系，牢固树立正确的世界观、人生观、价值观。

掌握法学专业的思维方法和研究方法，具备良好的人文素养和科学素养。养成良好的道德品格、健全的职业人格、强烈的法律职业认同感，具有服务于建设社会主义法治国家的责任感和使命感。具备健康的心理和体魄。

五、课程体系

（一）总体框架

立格联盟院校法学专业课程总体上包括理论教学课程和实践教学课程。理论教学课程体系包括思想政治理论课、通识课、专业课；实践教学课程体系包括实验和实训课、专业实习、社会实践与毕业论文。

立格联盟院校法学专业培养方案总学分应控制在 160 学分左右，每节课课时原则上不少于 45 分钟。课堂外实践教学累计学分不少于总学分的 15%。立格联盟院校课程中应包括法律职业伦理课程，将法律实践教学和法律职业伦理教育贯穿于人才培养全过程。

（二）课程设置

1. 理论教学课程

（1）思想政治理论课。

立格联盟院校法学专业要按照相关规定，全面实施思想政治理论课程方案。

（2）通识课。

立格联盟院校法学专业应根据本专业的特点和社会实际需要，设置一定数量的通识课程学分。通识课程应涵盖外语、体育、计算机课程，并从人文、社会科学、自然科学等方面均衡设置。

（3）专业课。

法学专业核心课程采取"10＋X"分类设置模式。"10"是指法学专业学生必须优先完成的10门专业必修课，包括：法理学、宪法学、中国法律史、刑法、民法、刑事诉讼法、民事诉讼法、行政法与行政诉讼法、国际法和法律职业伦理。"X"是指各院校根据办学特色为学生另行安排的其他专业必修课，包括：经济法、知识产权法、商法、国际私法、国际经济法、环境资源法、劳动与社会保障法、证据法、财税法和法学研究方法与写作。"X"选择设置门数由各院校自主决定，但原则上不低于5门。专业选修课程应当与专业必修课形成逻辑上的拓展与延续关系，并形成课程模块（课程组）供学生选择性修读。立格联盟院校法学专业可以自主设置专业选修课程体系。支持和鼓励开发跨学科、跨专业的新兴交叉课程与创新创业类课程。

2. 实践教学课

（1）实践教学环节。

立格联盟院校法学专业应高度重视实践教学，鼓励与实务部门建立长效的协同育人机制，积极开展校内开庭、模拟法庭、学科竞赛、法律诊所、法律援助、普法教育等多种实践教学活动。理论教学课程中应设置实践教学环节，改革教学方法，强化案例教学，增加理论教学中模拟训练和法律方法训练环节，挖掘充实各类专业课程的创新创业教育资源。

(2) 实验、实训和专业实习。

立格联盟院校法学专业应根据专业教学的实际需要，利用模拟法庭、法律诊所、专业实验室、实训基地和校外实习基地，独立设置实验、实训课程，组织专业实习，开展创新创业教育。实验、实训和专业实习课程应当制定教学大纲，明确教学目的与基本要求，明确专业实习的主要内容以及学时分配。专业实习时长不低于10周，有条件的可在两个以上实务岗位开展专业实习。

(3) 社会实践。

立格联盟院校法学专业应根据本专业实际需要，组织各种形式的普法教育、法律援助等社会公益活动，让学生了解社会生活，培养其社会责任感，增强其社会活动能力。社会实践时长不得低于4周。

(4) 毕业论文（设计）。

法学专业毕业论文可采取学术论文、案例分析、毕业设计、调研报告等多种体裁形式完成。论文选题应加强问题导向。鼓励学生根据自身兴趣，结合社会实践以及经济、社会现实的热点和难点问题，在指导教师的指导下进行毕业论文（设计）的撰写。毕业论文（设计）内容应综合运用所学的理论与专业知识。毕业论文（设计）的撰写应遵守学术道德和学术规范。

立格联盟院校法学专业应制定毕业论文（设计）统一的标准，应为本科生确定毕业论文（设计）指导教师。毕业论文（设计）指导教师由本专业具有讲师以上职称的教师担任，可聘请专业实务部门有关人员共同指导。指导教师应加强毕业论文（设计）在选题、开题、撰写等各个环节的指导和检查，强化学术规范。

六、教学规范

（一）教学过程规范

立格联盟院校法学专业应根据理论教学课程和实践教学课程的实际需要，制定和实施教学过程规范，其内容应包括但不限于教学大纲与教案的编写、教学方法运用、教材选用、课程辅导、课程考核等内容。

（二）教学行为规范

立格联盟院校法学专业应制定和实施教学行为规范，其内容应包括但不限于教师在教学过程中的教学纪律、教学态度、精神风貌等要求。

七、教师队伍

（一）教师队伍规模与结构

专业教师队伍应满足专业教学需要。

新设法学专业专任教师人数应当达到本专业核心课程数的1.5倍以上。

原则上，法学专业一门专业必修课程应当配备3名以上具有法学专业硕士学位的专任教师任主讲教师。专任教师中具有硕士学位、博士学位的比例应当高于90%。专任教师中具有高级职称的比例不低于1/5。专任教师队伍应当具有合理的年龄结构。教师队伍中应当包括一定比例的实务部门的专家，鼓励法学专业教师通过国家统一法律职业资格考试。原则上，法学专业师生比不低于1∶18。

（二）教师专业背景与水平要求

1. 教师专业背景

专任教师应具有本学科硕士研究生以上专业教育背景，实践性强的课程的主讲教师应具有实务工作背景或实务经验，立格联盟院校法学专业应从实践部门选聘一定数量的业务专家，充实实践性较强课程的教师队伍。教师队伍中应有20%的教师具有海外留学经历或跨学科教育背景。

2. 教师水平要求

专任教师应坚定理想信念，坚持正确的政治方向，具有高尚的道德情操，成为马克思主义法学思想和中国特色社会主义法治理论的坚定信仰者、积极传播者、模范实践者；应具备广博的专业知识，精通专业理论和方法，具有完成本专业教学任务的知识储备，具备基本的人文社会科学知识，实事求是的工作作风，科学创新的精神，在做好理论研究教学的同时，深入了解法律实际情况，促进理论和实际相结合；应掌握教育教学基本原理、基本方法，具有较强的教学能力和科研能力，并能够将科研成果转化为教学内容。

八、教学条件

（一）信息资源要求

立格联盟院校应提供数量充足、种类齐全的法学专业纸质和电子图书信息资源，配备满足教学需要的中文和外文电子资源数据库（含新设专业，具体要求参见附表），配备满足专业教学需要的司法案例、法律服务案例库。图书信息资源应能满足不同层次和阶段学生的学习需求，满足理论教学和实践教学的需要。

（二）教学设施要求

立格联盟院校应为法学专业教学提供数量足够和功能齐全的教学设施，包括模拟法庭、法律诊所、专业实验室、庭审远程同步观摩教室等。专业教学设施应完全开放。特定专业课程应配备该专业所需要的特定教学设施和仪器设备。

立格联盟院校应与相关实务部门紧密合作开展专业实习，建设一定数量不同类型的实习基地，满足实践教学的需求，并保障学生集体实习比例达到50%以上。

新设专业应建设有能基本满足实践教学需要的模拟教学场所和实习基地。

（三）教学经费要求

要切实保障法学专业类的教学经费投入。教学经费专指在专业教学各个环节发生的资源建设费用、教学运行费用与教学评估费用。在保证生均年日常教学经费不少于1400元的基础上，随着教育事业经费的增长而稳定增长。教学经费不得用于其他用途。

九、教学效果

（一）课堂教学效果

立格联盟院校法学专业课堂教学应教学目的明确，教学内容安排合理；教学纪律严格；教学资源丰富，注重知识更新；教师的课堂讲授富有启发性，注重培养学生的批判性与创造性思维，激发创新创业灵感；尊重教学过程中学生的主体性地位，与学生沟通良好。

立格联盟院校法学专业应建立定量与定性评价相结合的课堂教学效果评价指标体系，实施专家评教、同行评教、学生评教等多种评价方法。教学效果评价结果应当作为教学工作考核、年度考核、聘期考核、教学奖励以及评优、职称评聘的依据。

（二）教学成果

立格联盟院校法学专业应在人才培养过程中，在培养模式、课程建设、教材建设、教学方法的改革与创新等方面，形成一批特色鲜明、水平较高、具有示范作用的教学成果。

（三）生源与就业

立格联盟院校法学专业应把生源质量与招生规模、创新创业教育相关情况、毕业生就业率等作为教学效果考核的指标，保证较高的专业声誉和较好的生源质量。立格联盟院校应支持、鼓励法学专业毕业生赴基层、西部地区、少数民族地区工作。

十、质量保障体系

（一）质量保障目标

立格联盟院校应以本标准为基础建立覆盖上述培养目标、培养规格、课程体系、教学规范、专业教师队伍、教学条件、教学效果等指标的质量保障目标系统。

（二）质量保障规范与监控

立格联盟院校应围绕各质量保障目标要求，制定质量保障实施规范，建立信息反馈机制和调控改进机制，开展经常化和制度化的质量评估，确保对教学质量形成全过程有效监控，保证教学质量的持续提高和专业人才培养目标的充分实现。

附 录

一、法学专业教学质量立格联盟标准名词释义

1. 专任教师

学校在编的、具有教师专业技术职务的,并承担本专业专业课程教学任务的人员,包括教学、科研等岗位上的教师。非教师专业技术职务的人员和外聘人员、承担本专业专业课程以外其他课程的教师不计入在内。

2. 资源建设费

包括课程建设费、教材建设费、教学大纲编写费等。

3. 教学运行费

包括课时费、命题费、阅卷费、监考费、课堂教学资料复印费、论文指导与答辩费、实习指导费、学生实习补助、教学仪器设备维修费等。

4. 教学评估费用

包括教学质量评价督导专家费用等。

二、图书资料附表及说明

公共图书馆中与专业有关的图书、刊物、资料、数字化资源和具有检索这些信息资源的工具要求如下表所示。

法学图书	综合性法学图书		20 种以上
	法学专业核心课程相关图书	重要中文学术著作	50 种以上
		重要教材	5 种以上
		其他教学参考书	30 种以上
	非核心专业课程相关图书(按最少 10 门计,平均每门)	重要中文学术著作	25 种以上
		重要教材	3 种以上
		其他教学参考书	10 种以上
法学期刊	法学学术期刊		20 种以上
	法律法规及实践类期刊		4 种以上

续表

法学期刊	文摘期刊、复印报刊资料	3 种以上
	社科类综合期刊	50 种以上
	大学社会科学学报	50 种以上
电子资源数据库	中文数据库	5 种以上
	外文数据库	3 种以上
图书资料利用	图书资料可供教师和学生利用的条件	充分

在上表中，有关术语的内涵如下：

1. 法学图书

综合性法学图书是指综合性法学辞书、法律法规汇编等。

重要中文学术著作是指法学二、三级学科的基本经典著作、有重大理论创见的著作、有重大方法论创新的著作、具有学科专业创新理论体系的著作等。

重要教材是指国家级出版社出版的教材、重点大学法学院系及政法院校编写出版的教材。

其他教学参考书是指案例分析及国家执法、司法机关的有关文件资料等。

由于法律制度和法律研究迅速发展，法学图书应注重更新。

2. 法学期刊

法学期刊既包括法学、法律类期刊，也包括具有法学栏目的社科综合期刊。刊物应持续订购、保存。包括：

（1）法学学术期刊，主要是被权威单位认可的重要教学或研究机构主办的法学研究类期刊，刊目可参考北京大学图书馆和北京高校图书馆期刊工作研究会编订的《中文核心期刊要目总览》和南京大学中国社会科学研究评价中心确定的中文社会科学引文索引（CSSCI）来源期刊。

（2）法律法规及实践类期刊，即专门刊载法律、法规的国家机关公报，国家机关专门研究机构主办的实践性较强的期刊。

（3）文摘期刊、复印报刊资料，即在国内具有影响的、有固定的法学栏目的文摘期刊及有固定的法学的复印报刊资料。其中《人大报刊复印资料》各学科门类应视为一种，不分别计算。

（4）社科类综合期刊，具有固定法学栏目的且有影响的国家级、省级综合性社科期刊，刊目可参考北京大学图书馆和北京高校图书馆期刊工作研究会编订的《中文核心期刊要目总览》和南京大学中国社会科学研究评价中心确定的中文社会科学引文索引（CSSCI）来源期刊。

（5）大学社会科学学报，主要是具有固定法学栏目的重点大学人文社会科学学报，以及邻近学科的专业刊物，刊目可参考北京大学图书馆和北京高校图书馆期刊工作研究会编订的《中文核心期刊要目总览》和南京大学中国社会科学研究评价中心确定的中文社会科学引文索引（CSSCI）来源期刊。

各种期刊，应收藏有 3 年以上的文本，除非该种刊物创刊不足 3 年。

如果有关法学专业的教学单位与中国知网（CNKI）有购买协议，网站上所收的有关刊物可不拥有纸面版本。但数据库应能够及时更新，且有充分条件供师生利用、阅读。

3. 法学专业的教学单位应拥有电子资源数据库，保证教师和学生使用。

4. 图书资料应当满足教师学生的日常研究、学习需要。重要图书资料应当有足够的藏书副本量。

我国法学教育培养目标的偏失与矫正探析

◎宁清同*

摘 要: 法学教育自改革开放以来得到蓬勃发展,但法律人才长期被错误地等同于企业产品,法学院系试图培养和输送法律职业的熟练工,无视就业实际普遍将管理人排除在培养目标之外。为使全面依法治国早日实现,法学教育应当以培养哲学人文社会科学素养宽厚、法律素养优良、具备基础职业能力、熟悉传统文化和基本国情的法律人和管理人为主要目标。

关键词: 法学教育 培养目标 法律职业初级工 多元化

自改革开放以来,我国法学教育进入了恢复、成长的最佳时期,在开始建立市场经济体制和依法行政、依法治国之后更是实现了超常规发展。然而在数量和规模迅速扩张的粗放式发展中,法学教育也滋生和隐藏着不少问题和失误,甚至是方向性偏失。本文拟对我国法学

---

* 宁清同,男,湖南省攸县人,海南大学法学院教授、博士生导师,主要从事民法学、生态法学和法学教育研究。

教育的培养目标行一些粗浅的分析，并试图提出自己的矫正对策，仅为抛砖引玉。

偏失之一：法学教育直接或间接地将培养目标产品化

1. 法律人才产品论对法学教育祸害至深

受市场经济影响，我国高等教育管理部门和高等院校的不少人提出高校培养的人才就是企业产品，后虽有所淡化，但时至今日仍有人因迷失于市场而在坚持和传播之。如，要"以企业家的理念建设法学院"，法学院的产品就是输送给社会的法律人才，法学院须有一流的生产线、设计师和工匠，甚至认为这是哈佛大学法学院的成功法宝。[1]笔者以为，将法学教育培养的法律人才等同市场产品或商品化，必使法学教育走向市场化、短视化、功利化，弊端甚多、为祸匪浅，这也是对法学教育和法律人才的蔑视与亵渎。其害至少有三：

（1）在教育教学中盲目追求规模效益。企业生产产品通常会以规模效益最大化为目标，即在同等成本下尽可能扩大产品的生产规模，以实现经济效益最大化。人才产品论的直接后果就是法学教育的市场化，受此影响我国法学教育中大班上课已经成为通用模式，同班上课人数多在100人甚至200人以上，法律硕士研究生的上课规模基本都在50人甚至100人以上。众所周知，大班上课的主要目的就是为了节约办学成本，如果按照教学规律的要求，真正以保证或提高教学质量为出发点，就理应小班上课，每班上课人数以控制在60人以下为宜。遗憾的是，无论出身名门的一流法学院还是那些二三流甚至不入流的法学院，在财神爷面前都屈服了，教学质量不得不让位于规模经济效益。

（2）高校及法学院系对法科毕业生的就业率负责。在市场经济体制下，企业作为生产者必须自行推销其产品，为其产品销售

---

[1] 朱庆：《哈佛大学法学教育的经验与启示》，载《安徽大学法律评论》2014年第2期。

率担责。故从人才产品论可以合理得出如下结论：高等院校及其法学院系须自己推销自己的产品即法律人才，其销售率即所谓一次性就业率被教育主管部门作为考核高校的基本指标之一。近年来法学专业更因其一次性就业率低而备受诟病，一次性就业率成了吊在法学教育脖子上随时可以施以绞刑的绞索。无奈之下，法学院系为求生存可谓奇招频出，如动员导师联系用人单位，学校以就业率考核院系，提供就业证明者给予奖励，招收专业素养可能误国误民但就业率高的特招生。然而细究之下，以一次性就业率评估法学教育甚至决定其存亡，明显是不科学、不合理的。一是完全抛开就业质量评估就业，有失片面；二是忽略了法科学生就业的滞后性；三是忽略了市场调控的不灵敏性，即全面依法治国对法科学生的实际需求未能真正体现，低就业率主要是由于依法治国进展太慢以致妨碍法科学生就业所造成的假象。而如何化解法科学生就业的障碍无可争辩地属于各级政府的职责，且是推进法治建设的需要。"师者，所以传道、授业、解惑也"，高校就是传道、授业、解惑之所，而非就业推介所。政府倚仗着傲慢的权力将自己的应尽职责粗暴地转嫁给了高等院校，而在就业率的重压下，法学教育质量往往只能委曲求全，法学理论素养等因其对一次性就业率贡献太小而被忽视，各种法律技能则因可挟就业率而得到青睐。法学教育的功利化在所难免。

（3）忽视法律人才的品德培养。企业产品是无意识的，因此在品行、操守方面不可能有任何要求或质量标准。受人才产品论之影响，我国法律人才培养普遍不重视对法科学生之职业道德的培养，以及对不良品行的矫正。法律以捍卫社会正义、公平为主要价值目标，法律人才本应具有高于其他专业人才的品行和操守要求，但现行法学教育更关注法科学生的司法考试通过率、就业率、考研率等指标，以及在模拟法庭比赛等活动中能否获奖，而对如何养成并固化、内化法科学生之法律信仰以及正直无私、刚正不阿、廉洁自律、严守法律等优秀职业操守，缺乏系统、有效的措施。寄希望于一门伦理课程优化法科学生之品德，几近天方夜谭。对法科学生之行为在道德上亦无严格要求，甚至法科学生实施考场舞弊或替人舞弊等严重违纪行为仍可毕业；对法科学生之优良品行也没有特殊的激励规则。

2. 法律人才产品论可以休矣

高校培养的法律人才与企业生产的产品虽有相似之处，但绝对不能混为一谈。法学教育虽然在整体上应当适应市场经济发展的需要，但法学教育首先应当遵守其内在的教育教学规律和人才培养规律，而非市场经济规律。法律人才本质上不能等同于企业产品的理由有很多，在此仅列以下三个方面：

（1）高校在法律性质上与企业存在本质区别。依《民法总则》规定，高校系非营利法人中的事业单位法人，其目的在于公益，至少是非营利的；企业则是以取得利润并分配给股东等出资人为目的的营利法人或非法人组织。所以法学教育不能以利润最大化为目标，即不能为了节约成本、提高规模经济效益而无视教育规律，任意扩大学生的上课人数。企业产品的规模效益规律基本上不能适用于法学教育，因为企业产品通常生产规模越大，效益就越大，但教育有其自身规律，客观上存在着教育效益最佳化所要求的教学规模，超过此规模，教育效益就会下降。因此应当坚持教育质量第一、节约成本居次的原则，即只能在基本不影响教育质量的前提下尽量节约成本，但绝对不能为节约成本不惜对教育质量造成明显负面影响。

（2）法律人才培养与企业产品生产存在本质区别。其一，法律人才培养须遵守教育教学规律，主要是社会科学中的规律，而产品生产须遵守生产制造规律，更多是自然科学的规律。其二，法律人才培养质量受到教育教学之外的诸多因素影响和制约，如家庭、社会环境、交友等，而产品质量基本取决于生产本身。其三，法律人才皆有自主意识，且该意识会直接对人才培养质量、使用效益等产生积极或消极影响，而产品本身无意识，它只是消极、被动地接受生产、使用。其四，企业在其产品销售出去之后须承担售后服务，但对法律人才培养单位无此义务。其五，产品只是无意识甚至无生命的物,而法律人才虽然也是物质意义上的人,但培养过程中所要输入、强化、优化的实际内容却是人的品行、能力、素质、知识,而这些都是非物质的。

(3) 法律人才使用与企业产品消费存在本质区别。法律人才在正式上岗使用之前通常还需要进行职前教育,即就业前培训和实习,虽然在不同法律职业之间,培训和实习的时间长短、培训的内容与方式等不尽相同,但是培训和实习是正式上岗前的必经阶段和环节,这是法学教育无法忽视,更无法突破的客观规律,也是世界范围内的现实状态。但是企业生产的产品由消费者购买后是要直接使用的,也必须能够直接使用,否则即为不合格产品,这是产品销售的基本要求和规律。此外,产品的使用通常有一定的保质期,过保质期后无须保障产品正常使用,但人才没有保质期,而且在身体健康的前提下,使用时间越长,质量越好。

偏失之二:法学教育以培养法律职业熟练工为目标

企业产品完全以市场为导向,直接供消费者使用,所以走向市场的产品一般已经成熟,即达到消费者所要求的使用条件。因此依人才产品论之逻辑,用人单位则可期待所录用的法科学生已经完全满足上岗条件,不再需要培训实习,即达到熟练工的水平。否则就被无情地指责为法学教育与市场需求脱节,法科毕业生不适应实践需要等。而高等院校面对用人单位严重错位的市场需求被迫迁就,于是法学教育最终不得不偏离以素质教育为本的方针,千方百计地强化实践技能教学,以保证与市场需求更好地衔接,如大幅增加实践教学的时数,法律硕士增聘实务部门的导师,教学服从和服务于司法考试。急于求成、舍本逐末的法学教育虽有助实现技能熟练的目标,但不利于人才的长远发展,其短视化可见一斑。

1. 法学教育不可能培养法律职业熟练工

培养法律职业熟练工需要具备许多前提条件,从客观上分析,从事法学教育的法学院系是严重欠缺的。这表现在以下三个方面:

（1）师资条件不具备。培养法律职业熟练工的前提之一是从事法学教育的高校法学教师具备熟练的处理实际法律问题的技能、技巧和经验，然而事实上法学教师多数缺乏足够的实践经验，这也是国际国内法学教育界的普遍现象。在法学理论、法律实践和法学教学各个方面都十分出色的天才且为全才的教师即便有，那也只是凤毛麟角，因为一个人的能力、精力等总是有限的，教育管理者如果奢望或企求法学教师全部或多数达到如此高超的水平，那是极不现实、极不合理的。为解决教师实践经验和能力不足的问题，管理者提出了所谓的双导师制，即法律硕士研究生同时配备校内法学导师和校外法律实践导师。管理者坐在办公室空想出来的双导师制，听起来似乎很完美，实则形同虚设，校外实践导师绝大多数没有时间、精力或意愿从事指导工作。即便校外导师愿意指导，客观上也难以实现，因为法科学生的绝大多数时间和精力须用于完成在校学业，毕竟这才是第一位的，通常没有时间在实践导师指导下专门从事法律实务。故双导师制也就只能产生梦幻般的效果了。

（2）实践条件不完备。培养法律职业熟练工需要完备的实践条件，包括物质条件、实践机会、学生身份、师资力量、当事人意愿等多个方面，也涉及校内和校外。

首先，培养熟练工不可能仅在校内完成。在法学教育中，除案例教学、模拟法庭等能让学生对法律实践形成初步印象外，最有效的熟练工培养方式就是法律诊所教育。但是对培养法律职业熟练工而言，诊所式教育至少存在以下不足：其一，学生只能以当事人代理人身份参与，此实践可培养律师所需的技能和经验，对其他法律职业帮助不大。其二，主要限于民事、行政案件，刑事案件的实践机会极少。其三，案源有限，即便在美国，"法律诊所课程选择的案件基本上是为各类案件中的贫困人群提供免费服务"[1]，即法律援助，国内亦然。因为有钱的当事人通常不会

---

[1] 陈建民：《从法学教育的目标审视诊所法律教育的地位和作用》，载《环球法律评论》2005年第3期。

委托学生代理。以海南大学法学院为例,每年大约招收本科生200人,法律硕士约130人,法学硕士40余人,本硕在校生约1200余人,按每人每年获得一次代理案件机会计算,每年需1200件左右当事人愿意交由学生办理的法律援助案源。更何况即使每个学生年均实际办案一次也培养不了熟练工。其四,能够参加的学生极为有限,这不仅是由于案源少,更是因为多数学生的整体素质难以胜任实际案件的代理工作。其五,师资力量明显不足,除了具有丰富实践经验和能力的教师不多外,教师整体数量也难以满足全部学生参加诊所教育的需要。按教育部本科教学评估要求的生师比18∶1到16∶1,扣除公共课教师所占比重,加上硕士生,粗略估计每个教师每年需指导学生代理案件约20例,且不说很多高校生师比为20∶1甚至更高。果真如此,教师还有多少时间和精力保质保量地完成课堂教学和科研等主要工作?而在实际教学过程中,法律诊所教育仅有极少数学生有幸参加,可谓杯水车薪。

通过校外实习也难以完成法科学生的职业培训并使其达到熟练工的水平。其一,学生通常只能选择在某一类法律职业机构实习,如法院、检察院、律师事务所或其他单位,而实习单位所属职业往往并非实习学生将来就业的职业,故实习学生就业后对其就业单位而言可能不仅不是熟练工,甚至实习机会都未曾有过。其二,实习时间过短,目前一般为3~6个月。根据国外法律职业培训的普遍实践,至少需要一年。如在韩国,通过司法考试后须经两年司法研修院的实务培训才能从事法律职业。[1] 类似的司法研修制度在德国、日本等很多大陆法系国家存在。英国的法科学生毕业后欲从事律师职业,须接受两年实务课程培训和实习。[2] 而要成为法官,在英美等国需先从事多年的律师工作,如英国地方法院法官应有7年以上出庭律师的资历,高等法院法官则要求15

---

[1] 杨小利:《韩国法律人的职前教育制度》,载《法制日报》2016年1月27日,第11版。

[2] 杨力、杨珍:《当下中国法律职业准入问题研究》,载《学习与探索》2012年第7期。

年。[1]其三,由于法科学生实习时的身份是学生,故很难实质性参与案件处理,如作为审判员审理案件,更多只是从事资料整理等辅助性工作,与培训法律职业熟练工的需求相去甚远。

(3)学习时间不允许。按我国目前教学体制,学生在校学习时间分别为法学本科四年、硕士生三年。在此期间,本科生和非法学法律硕士须完成16门核心课、占总学时1/3以上的公共课、大量的选修课等课堂教学,6个月或1年的学位论文写作,以及社会实践等其他活动。显然在客观上根本没有足够的时间完成作为熟练工所需要的技能培训和实习。

2. 法学教育不应当以培养法律职业熟练工为目标

法学教育以培养法律职业熟练工为目标,不仅因为在客观上不具备基本条件而不可能完成,而且也严重欠缺科学性。其不合理性主要表现在:

首先,法科毕业生大量在非法律职业就业的客观实际要求法学教育不应以培养法律职业熟练工为目标。从国内外法科毕业生的就业实际来看,相当部分甚至超过一半并未成为真正的法律人,而是在企业、国家机关、事业单位等从事管理工作。如英国利兹大学2001年法学本科生中只有11%从事法律工作,大部分在非法律职业就业。[2]日本的法科毕业生并非主要选择法律职业,很多人更愿意成为政府官僚,或到民间企业就业,最后仅有少数真正成为法律人;20世纪末日本开始法学教育改革,试图学习美国设立法学院,在研究生层次主要培养职业法律家。[3]此改革能否成功有待检验,但至少法律系培养的本科毕业生多数人将选择非法律职业。因此,法科学生就业去向的多样化甚至多数在非法律职业就业,这是法学教育无力改变且必须承认的客观现

---

〔1〕 张丽英:《英国的法律职业与法学教育及其借鉴》,载《西安电子科技大学学报(社会科学版)》2007年第6期。

〔2〕 张丽英:《英国的法律职业与法学教育及其借鉴》,载《西安电子科技大学学报(社会科学版)》2007年第6期。

〔3〕 [日]棚濑孝雄:《日本的法学教育及其改革》,载《法律适用》2002年第5期。

实,法学教育应当主动适应和反映这一现实。如果法学教育消耗大量时间、人力和物力从事法律职业的技能性培训,那么对众多未来在非法律职业就业的学生而言就挤占了他们学习其他知识、技能的空间,而法律技能对他们就业基本不能发挥作用,这对国家而言也是严重的教育资源浪费。

其次,我国法科毕业生从事法律职业的多样化也要求法学教育不应致力于培养法律职业熟练工。法科毕业生就业的法律职业至少包括法院、检察院、律师事务所、企业法务、国家机关法务等多种性质和岗位,它们在法律技能培训上各有不同的要求和标准。这就决定了法学教育如果培养法律职业熟练工实际上就要同时培养各主要法律职业的熟练工,其难度之大大于上青天。即便能够成功,法科学生就业所能使用的技能主要限于其所从事的法律职业,而其他职业技能基本荒废,因此这也会造成很大的教育资源浪费。

再次,法学教育的性质决定其不应以培养法律职业熟练工为目标。法学教育以培养法律职业熟练工为目标必然混淆法学教育与法律职业教育,尤其职前教育各自不同的性质、任务、目标、内容等,前者始终只能以素质教育为主,其本质不可能是职业教育。有学者提出,法律教育可分为三个层次:法律教育、法律职业教育和法学教育,三者既相互联系又有实质性区别,不能过于功利地理解和界定法学教育,因为法学教育具有不同于法制教育、法律职业教育的特征与实际需要。[1]

最后,法学教育以培养法律职业熟练工为目标不符合其比较优势。法学院系在师资、教学任务、教学时间等诸多方面的实际条件决定了法律职业培训并非也不可能是法学教育的强项。如果将法律职业培训的任务强加于法学教育,其结果只能是事倍功半,实无必要。"法学院与法律职业市场毕竟是隔离的,不可能完全把握最新的动态,所以,投入很大而效益未必可观"。[2]显

---

[1] 黄晓亮:《论我国法律教育的分层》,载《教育学报》2009年第4期。
[2] 苏力:《中国法律技能教育的制度分析》,载《法学家》2008年第2期。

然，对任何资源包括人力资源的使用都应当尽可能用其所长，而非其短。

在法学教育之后建立专门的职业教育制度，是目前大陆法系国家的通行做法。在日本从事法律职业须通过司法考试后，在司法研修院接受法律实务教育，并通过毕业考试；德国也是在完成法学基础理论教育即学历教育后才进行法律实务教育；法国与德国类似。[1]韩国的法官、检察官和律师在任职前须通过司法考试，并在最高法院所属司法研修院接受两年法律实务培训。[2]英美等国虽与大陆法系有较大差异，但其职业培训主要也是在法学教育后完成的。首先，法官、检察官须有从事律师若干年的专门资历，此为另一种形式的法律实务培训；其次，对律师的职业教育英美之间也有所不同，如前所述，英国的律师须在法学教育完成后接受两年实务培训，而美国则在法学教育阶段渗入了较多律师职业教育，因为美国的法学教育是通过直接招收各类非法学本科生攻读硕士或博士学位来完成的，素质教育的任务较轻，且其毕业后的法律职业具有单一性[3]，其法律职业教育主要限于律师，故未必能适用于其他国家。

有人建议，应当"建立统一的法律职业教育体系"，专门从事法律职业培训而非学历教育，设中央和省两级，初任法官、检察官，或者初级升高级，均须经职业培训且合格。法学院系负责一般胜任力培养，涉及法律职业的专门胜任力培养由专门机构负责；即法学教育主修"学"（学理），职业教育专攻"术"（实务技艺）。[4]笔者以为，我国可参照大陆法系国家，分类建立专门的法律职业培训机构，负责对即将从事本法律职业的人进行职前教育，以及对已从事本法律职业的人进行职后教育，专门培训各

---

〔1〕 李龙：《中国法学教育改革报告》，高等教育出版社2000年版，第22~23页。
〔2〕 韩大元：《韩国法学教育的基本体制与改革趋势》，载《法学家》2002年第4期。
〔3〕 孙谦：《改革和发展面向二十一世纪的法律职业教育》，载《国家检察官学院学报》2000年第4期。
〔4〕 杨力、杨珍：《当下中国法律职业准入问题研究》，载《学习与探索》2012年第7期。

法律职业所需的具体技巧、技艺和经验。大体可分为法官及助理、检察官及助理、律师、企业法务人员、政府法律工作人员等五类。目前的法官学院、检察官学院即可转型为此类机构。

偏失之三：以法律人才为唯一培养目标

目前我国法学教育大多数是以培养法律人才为唯一目标，在此仅列一二。北京师范大学 2017 级法学专业本科培养方案规定，法学卓越实验班培养"从事法律工作的高素质创新型人才"，法学瀚德实验班培养从事涉外或国际法律工作的"应用型复合型高端法律人才"。[1]中国人民大学法学本科专业旨在培养具备"人文情怀、崇尚法治、追求真理、奉献社会"理念的卓越法律人才。海南大学 2014 级全日制法律硕士（非法学）专业的培养目标是具有社会主义法治理念、德才兼备、高层次的复合型、实务型法律人才，2014 级法学实验班的培养目标是应用型复合型高素质法律人才。[2]仅有极少数法学院系在法律硕士培养中将管理人才纳入了培养目标。如北京师范大学 2018 年法律硕士（非法学）招生简章载明：法律硕士专业学位培养高层次复合型、应用型法律人才和管理人才。[3]中国人民大学法律（非法学）专业学位硕士主要培养高层次的复合型、应用型法律专门人才和管理人才。[4] 2018 年公布的《普通高等学校法学类本科专业教学质量国家标准》规定：法学类专业的培养目标是"复合型、应用型、创新型法治人才及后备力量"。笔者以为，将管理人才排除在法学教育

---

〔1〕《北京师范大学本科专业培养方案一览表》，2007 年 7 月 17 日，http：//kczx.bnu.edu.cn/jxjh.html.

〔2〕 中国人民大学阳光招生信息平台法学栏，2016 年 3 月 4 日，http：//rdzs.ruc.edu.cn/cms/view/professional/65/.

〔3〕《2018 年北京师范大学专业学位硕士研究生招生简章》，http：//yz.bnu.edu.cn/content/zyml/2018/zyxwjz_yxsm_005_zydm-0351.html.

〔4〕《2018 年全日制法律硕士（非法学）专业学位研究生招生简章》，2017 年 10 月 17 日，http：//yz.chsi.com.cn/sch/viewZszc—infoId-1881229638，categoryId-10460770，schId-367879，mindex-12.dhtml.

的培养目标之外实为不妥,理由主要有二:

1. 法科学生作为管理人就业是普遍的客观的社会现实

如前所述,法科学生作为各类管理人才在非法律职业就业,早已是一个不争的事实,在国内外都极为普遍、正常。《2009年中国大学生就业报告》统计,法科大类的本科毕业生一半以上从事非法律职业,而高职高专类法科毕业生有近3/4未能从事法律工作;2007届法科毕业生就业量前五位的职业依次是行政秘书和行政助理、出纳员、文书、律师、信贷员等,其中仅律师为法律职业。[1]中国政法大学2009届法科毕业生的就业去向主要是:党政机关47人,13%;公检法系统86人,24%;金融行业32人,9%;律师事务所36人,10%;升学或出国留学132人,37%;国有企业21人,6%;民营或外资企业4人,1%。毕业5年后是:党政机关64人,18%;公检法系统90人,25%;金融行业57人,16%;律师事务所64人,18%;国有企业47人,13%;其他事业单位18人,5%;高校6人,2%;民营或外资企业4人,1%;其他8人,2%。[2]由此可见,即便是一流法学学科的毕业生也同样有超过一半的人从事了非法律职业。2016年河北省高校法科学生就业职业主要是:国家机关15人,8%;事业单位35人,19%;国有企业16人,8%;私营企业41人,22%;律师事务所18人,10%;个人创业18人,10%;考研32人,20%;其他职业14人,7%。其就业单位仍然呈现出多样化、分散型特点,非法律职业更是远超50%。[3]可见,法科学生平均半数以上在非法律职业就业,其中绝大多数是各单位的管理岗位,即便是学术型研究生法学硕士同样如此,甚至法学博士在管理岗位就业也不乏其人。法学教育如果完全无视这一现实,那无异于

---

〔1〕 汪习根、汪沛:《我国高校法学专业毕业生就业对策研究——构建面向基层法治改革的就业新模式》,载《武汉大学学报(哲学社会科学版)》2011年第1期。

〔2〕 王洪松、刘贺元:《高校毕业生就业状况跟踪分析研究——以中国政法大学民商经济法学院2009届本科毕业生为例》,载《中国法学教育研究》2015年第1期。

〔3〕 张庆林、栗军:《高等院校法学专业大学生就业状况调查研究——以河北省高校为对象》,载《决策与信息》2016年第6期。

自欺欺人；如果试图悖离、回避这一现实，那只能是有害无益。法学教育应当主动、积极地适应、反映法科学生的就业实际，并进行相应调整和改革，首先应将管理人才纳入培养目标，其次也应在课程设置、教学内容等方面有所体现。

2. 法科学生具有成为管理人的优势和潜能

法学教育的灵魂无疑应当是法律、法学，其主体目标仍然是为法律职业培养各种法律人才。那么法学教育将管理人才纳入自己的培养目标，是否会动摇其法律和法学之灵魂，是否会妨碍其主体目标之实现，是否会影响法律人才之培养质量呢？笔者认为对此无须多虑。法科学生之所以能大量地在管理岗位就业，根本原因在于：法律与管理之间有着天然的血缘关系，存在诸多共同的属性。法律本来就是为了满足国家管理社会公共事务之需要而产生的，法律是由管理者制定和实施的，法律是必要而且高效的管理工具。

在本质属性上，法律无非就是国家制定的行为规则体系，主要是关于权利或权力、义务或职责、法律责任以及程序等规则，与中国人俗称的规矩异曲同工。"普遍的法治思维，一切从讲规矩、讲规则开始"，甚至"规则至上"。[1]先秦诸子在论述"何为法"时皆有类似说法。《管子》曰：法者，"尺寸也，绳墨也，规矩也，衡石也，斗斛也，角量也"；"吏民规矩绳墨也。夫矩不正，不可以求方；绳不信，不可以求直。"《吕氏春秋·自知》道："欲知平直，则必准绳；欲知方圆，则必规矩。"《墨子》称："百工为方以矩，为圆以规，直以绳……故百工从事，皆有法所度。"《孟子》言："不以规矩，不能成方圆。"哈特特别强调法律以规则为中心，"在阐明法律的概念中，应当给第一性规则和第二性规则的结合以中心地位"。[2]而管理尤其现代管理的灵魂

---

[1] 孙笑侠：《法治思维的基本要领》，载《北京日报》2014年12月8日，第17版。

[2] [英]哈特：《法律的概念》，张文显等译，中国大百科全书出版社1996年版，第111页。

就在于如何制定和运用规则，即管理者按照程序和规则分配权利或权力、义务或职责、责任，并保障其实施，其目的在于通过此种分配明确被管理者的任务，调动其积极性，提高办事效率。有学者提出：法治型社会管理模式"是当前中国社会管理的最优模式"，它是"以法治理念和法律制度为基础"，其核心目标是实现社会管理的"善治"。[1]"以法律作为工作的主要标尺，是对一个现代管理人员的基本要求"。[2]因此，"从一定意义上说：法律是一种管理，是人民群众对社会事务的管理。"[3]习近平同志2017年1月18日在联合国日内瓦总部演讲时特意引用了荀子的名言："法者，治之端也。"[4]可见，管理与法治以规则为核心枢纽紧密联系在一起，成为一个整体。

在价值目标上，法律首先追求和保障社会的公平与正义，并通过公正的实现进而维护社会的秩序与效率；管理虽有所不同，公共管理也许以维护秩序为先，营利性管理可能首重效率，但任何管理都不能无视或践踏公正，反而应通过秩序或效率促进公正。因为，公正与秩序、效率之间相互依赖、相互影响、不可分割。没有公正就难有秩序和效率，同样没有秩序或效率也妨碍公正的实现，其重要性在伯仲之间，实难区分彼此。法律与管理只不过各有侧重，出发点不尽相同，但最终却是异曲同工，共同保障公正、秩序与效率，整体推动社会的进步与发展。

因此，法科学生历经三年或四年系统法学教育后养成的法律思维能力、法律规则理念、法律原则和法律精神、法律知识和法学理论等，正好满足法治型管理模式的根本要求，使其具备了从事管理工作的优势和潜能。法学教育完全可以在保证法律人才培养的前提下培养合格甚至优秀的管理人才，在一定程度上甚至可

---

〔1〕 付子堂：《法治是社会管理创新的最优模式》，载《法制日报》2011年11月16日，第9版。

〔2〕 苏华：《管理人员需要具备的法治观念》，载《新东方》2007年第6期。

〔3〕 王迎春：《试论法律与管理——学习邓小平理论，加深对法律管理属性的认识》，载《法学杂志》1997年第6期。

〔4〕 习近平：《谈治国理政（第2卷）》，外文出版社2017年版，第540页。

以说法律人才也是管理人才，二者没有根本的冲突。正因为如此，西方许多国家的国家元首、政府首脑、部长、国会议员等高端管理人都来自律师行业，美国尤为明显。美国自第一任总统华盛顿到奥巴马共43位总统中律师有25人，占58%，另有4人虽未从事律师职业但也受过法学教育或来自其他法律职业如法官、行政司法长官等；历任副总统和国务卿、议会首脑的大部分曾为各地律师公会接纳；约60%的参议员和40%的众议员从事过律师职业；律师一直是美国的统治者和领导者。[1]具有法学教育背景者在我国台湾地区当代领导人中也大有人在，如马英九等；在祖国大陆也开始崭露头角，如现任总理李克强。总之，从一方面看，法律与管理之间在本质上的共同性和一致性决定了法律人完全可以成为管理人，而且成为出类拔萃之管理人的盖然性远超其他专业；从另一方面看，现代管理极其需要法治化的管理人。法科毕业生完全可以"成为管理国家和各项社会事务的主干人才，成为一种社会适用性非常广泛的人才"。[2]

3. 将管理人纳入法学教育培养目标是依法治国的需要

依法治国一直是我国政治体制改革的主要目标之一，中共中央十九大报告明确提出：坚持全面依法治国，坚持法治国家、法治政府、法治社会一体建设。为了实现这一宏伟目标就需要治国者即国家管理者是熟悉和信仰法律，具有法律精神、理念和思维的人，就需要构建法治政府。所谓"法治政府"，是西方政治哲学和法治理论对政府原则、结构和运行规则的总体设想，广义上是指立法、行政和司法构成的政权体系，是西方法治得以实现和维持的政府模式，而法治政府的基础和关键则是"法律人之治"。[3]即法律人的统治，由法律人领导的政府所实施的管理。加强公务

---

[1] 王中华:《论美国律师政治参与的历史演进》，载《安庆师范学院学报（社会科学版）》2010年第1期。

[2] 龚廷泰:《论法律人才培养目标的统一性与多样性》，载《中国法学教育研究》2005年第4期。

[3] 程燎原:《"法律人"之治："法治政府"的主体性诠释》，载《西南民族学院学报（哲学社会科学版）》2001年第12期。

员队伍的法律修养是彻底根除"人治"思想、建立现代法治政府的需要。[1]对于行政管理人员而言，执法就是"履行政府职能、管理经济社会事务的主要方式"[2]。

法学教育还能极大地改善公众的法治素养，提升社会的整体守法水平。尤其在法治化仍待深耕之际，学习法律的人愈多，对法治建设就愈有利，是故德国"习法者甚众，平均每三户人家，即有一家子弟修习法律，几乎是人人懂法，人人守法之法治国家"。[3]孙晓楼先生指出：欧美各国法科毕业生除在立法、司法、行政等领域表现其法律才能外，也活跃在"工商实业"或作为"军士武官"，他们"无时无处不表示着纪律化、秩序化"，法科毕业生就业领域之"普遍化可见一斑"。[4]显然法科毕业生的就业越广泛、越普遍，对依法治国之促进作用就越大。

因此，法学教育不应当仅仅满足于培养从事法律职业的法律人，还必须培养胜任依法治国要求的管理人。习近平同志在会见全国社会治安综合治理表彰大会代表时提出："要着力推进社会治理系统化、科学化、智能化、法治化"，"努力实现法安天下、德润人心"。[5]培养大量熟悉、信仰、实施法律的管理人是实现社会治理法治化的前提和基础。法固然是"治之端"，即治国之前提，但诚如《荀子·君道篇第十二》所载："君子者，法之原也。故有君子，则法虽省，足以遍矣；无君子，则法虽俱，失先后之施，不能应事之变，足以乱矣。"知法用法之君子是实施法律的保障和力量源泉，有了君子，法虽简却能普遍适用于众多的社会问题；否则，即便法律完备，但"徒法不足自行"，社会也

---

[1] 李新刚：《公务员加强法律理论修养的必要性和主要内容》，载《中北大学学报（社会科学版）》2010年第4期。

[2] 习近平：《谈治国理政（第2卷）》，外文出版社2017年版，第120页。

[3] 杨桢：《台湾法学教育现状及未来的走向》，海峡两岸法学学术研讨会大会报告论文，浙江大学法学院2002年。转引自龚廷泰：《论法律人才培养目标的统一性与多样性》，载《中国法学教育研究》2005年第4期。

[4] 孙晓楼：《法学教育》，中国政法大学出版社1997年版，第10页。

[5] 习近平：《谈治国理政（第2卷）》，外文出版社2017年版，第386页。

完全可能因难以建立法治秩序而陷入混乱。

矫正：以培养具有良好法律素养的法律人和管理人为目标

笔者认为，法学教育应该以一般素质教育为基础，以法律素养的养成和提升为立足点和核心，以基础法律职业能力为补充，以中国传统文化和当代国情为依托，以培养适应新时代有中国特色社会主义建设需要的法律人和管理人为目标。一般素质、法律素养、基础法律职业能力、中国传统文化与当代国情，四者相互渗透、彼此依赖、相辅相成，割裂其内在联系或以其中之一排斥其他都是不科学的，但绝对均衡化也是不合理的。

1. 宽广的哲学人文社会科学素养

所谓一般素质教育主要是指哲学人文社会科学的基本素养，其宗旨在于培养学生的综合素养和基础能力，综合素养包括德、智、体、美等各个方面，思想品德素质无疑是最重要的；基础能力包括体力、智力和非智力因素，如情感力、意志力、信念力、想象力、洞察力等，尤其是独立获取知识的能力、创新能力、分析和解决问题的能力、适应能力等。素质教育中的能力并非某种具体的操作技巧或是从事某种工作的具体能力[1]，而是影响各种具体能力和技巧的能力，是以不变应万变即适应复杂多变之现实的能力，是决定和保障长远发展潜力之能力。古人曰"授人以鱼，不如授人以渔"，正是此意。在耶鲁大学担任校长达20年的理查德·莱文曾说过：真正的教育不传授任何知识和技能，却能令人胜任任何学科和职业；专业知识和技能需要在大学毕业后学习和掌握；本科教育的宗旨是培养批判性独立思考能力以及终身自我学习的能力。[2]

---

[1] 袁贵仁：《素质教育：21世纪教育教学改革的旗帜》，载《中国教育学刊》2001年第5期。

[2] 《耶鲁大学校长：真正的教育不传授任何的知识与技能》，载《重庆与世界》2017年第18期。

法学教育尤其是本科层次应当重视培养学生的哲学人文社会科学素养，这既是因为很多法科学生将在非法律职业就业，不能仅仅局限于法律教育；也是由于良好的哲学人文社会科学素养是法律素养和法律能力教育的基础，也有助于提升法律素养和法律职业能力。龙应台在台湾大学法学院发表题为"为什么法律人要学习文史哲"的演讲时指出："文学让你看见水里白杨树的倒影，哲学使你从思想的迷宫里认识星星，从而有了走出迷宫的可能；那么历史就是让你知道，沙漠玫瑰有它的特定起点，没有一个现象是孤立存在的。"[1]即文学让人观察入微，看到多样化的世界，摒弃孤立思维；哲学让人从宏观上思考，看到走出困境的希望，避免片面性；史学让人从发展中分析问题，认识事物的前因后果，防止静止思维。2016年美国伯克利法学院几名学者在考察了美国排名最高的34所法学院1960~2011年招聘教师的数据后得出如下结论：PhD学位拥有者在美国法学院教师中的比重显著上升，精英法学院更倾向于拥有PhD学位的教师候选人，在所有PhD学位中，经济学、政治学、历史学和哲学是美国法学院最欢迎的四大学科；罗纳德·科斯（Ronald Coase）作为经济学家任教于芝加哥大学法学院，就是其中的佼佼者。[2]美国法学院教师队伍的上述特征再次印证了对法科学生进行哲学人文社会科学教育的必要性和重要性。

为使法科学生具有宽广的哲学人文社会科学素养，法学专业的课程设置应该覆盖法学以外的其他众多学科，如经济学、社会学、历史学、人类学、伦理学、心理学、大学语文、文学作品欣赏、逻辑学、现代科学技术、高等数学、传统文化、管理学、行政管理学、政治学、会计学、公共关系学等。哈佛大学法学院每年开设多达300多门课程，从传统的法学学科，到与文学、艺术

---

[1] 龙应台：《为什么法律人要学习文史哲》，2016年9月9日，http：//www.360doc.com/content/16/0909/23/30892916_589679114.shtml.

[2] 陆子晔：《PhD在美国法学教师中崛起对美国法学教育意味着什么?》，2017年7月17日，https：//zhuanlan.zhihu.com/p/27940385.

等各学科的交叉领域,几乎都有相关课程。[1]这十分有利于培养法科学生的综合素质和基础能力,使其能够运用不同学科的理论和知识去研究、解决现实社会中复杂多样的法律问题,也能为那些不选择法律职业的学生顺利转向非法律职业奠定基础。

2. 良好的法律素养

所谓法律素养,是指法科学生之专业素养,是其运用法律和法学理论分析、研究、解决法律问题时所具备的基本素养。促使法科学生逐渐生成并不断提升法律素养应当是法学教育的主要任务,对法科学生而言,这不仅是未来作为法律人的立业之本,也是转型为管理人的优势和潜力所在。对现代管理人来说法律素养是必要的基本的要求,"领导干部都要牢固树立宪法法律至上、法律面前人人平等、权由法定、权依法使等基本法治观念","法治素养是干部德才的重要内容"。[2]法律素养主要似应包括以下方面:

(1)坚定的法律信仰。法律信仰主要是指对法律权威的认可、遵守和服从,对法律价值的捍卫和追求,对法律精神的体悟和贯彻实施。其中,法律权威是前提,法律价值是保障,法律精神是根本。在坚持全面依法治国的背景下,无论是法律人还是管理人都应当对法律抱持坚定的信仰。试想,如果以捍卫法律和正义为使命的法律人或者以执行法律、依法行权为根本的管理人都不信仰法律,那么所谓的法治政府、法治社会、法治中国等只能是空中楼阁、海市蜃楼。从某种意义上说,法律信仰是法律素养和法治社会的基石,是发挥法律素养效能的最重要的前提,甚至超过了法学理论和法律知识,因为如果不信仰法律,即便学富五车也是枉然,对法治毫无益处。法学教育能否培养一批具有坚定法律信仰,崇尚法律甚至法律至上的法律人和管理人,直接关系到我国全面依法治国目标的成败。

---

〔1〕 朱庆:《哈佛大学法学教育的经验与启示》,载《安徽大学法律评论》2014年第2期。

〔2〕 习近平:《谈治国理政(第2卷)》,外文出版社2017年版,第126~128页。

(2) 高尚的法律职业伦理。法律人和管理人仅有法律信仰自然是不够的,还须时时、处处身体力行地严格遵守、忠诚执行并坚决捍卫法律;即便完全没有监督,也能如君子一般"慎独"自律;他们应当品行优良,恪守程序公正、勇于探究法律真实。因为法律人和管理人本应以捍卫正义和公平为使命,他们往往就是法律规则的制定者、执行者、维护者、实施者,是正义和公平的使者甚至化身,如果他们以身试法、徇私枉法、失职渎职,势必正义难存、法治荡然,其破坏力和影响力将是毁灭性的,远非一般违法者可比。所以真正成功的法学教育无不重视法律伦理的培养,以使其法科毕业生无论从事何种职业都是法治建设的支持者、捍卫者、实践者,是法治的典范和楷模。法律职业伦理是法律素养和法治社会的支柱,是发挥法律素养效能的根本保障,甚至在某种程度上支撑着整个社会的伦理道德大厦。只有品行优良之人,才可能立良法、行良法、护良法,正如法律教育家孙晓楼所说:"一定要有法律道德,才有资格执行法律。"[1]

然而目前法学教育对法律职业伦理之培养严重忽视,培养目标和内容空泛、抽象,培养方法基本限于课堂教学,培养时间远低于以提高职业技能为目的的实践教学。笔者以为,应当积极探索和强化课堂外的伦理教育作用。其一,对法科学生制定和实施比其他专业更严格的规章制度,如法科学生考试舞弊者一律开除。职业操守需要通过规则的较长时期严格约束,才能内化为自己的习惯和意识。其二,充分发挥法学教育管理的示范作用,教育管理者应确保制定的规则是"良法",且一视同仁、严格遵守;在涉及学生权益的事项中,包括评奖、教学资源分配、违纪处理等,努力保障公平、正义,维护学生权益。其三,教育方式多样化,可要求学生更多地参与公益性活动,以培养其公德心。其四,对于某些突出的品行优良者,如见义勇为,招生时可适当加分,在学者给予奖励。韩国司法研修院强化职业伦理教育的做法

---

[1] 孙晓楼:《法律教育》,中国政法大学出版社1999年版,第14页。

可资借鉴，如邀请各界社会人士讲授道德课程，要求承担12小时以上的社区服务和60小时的法律咨询服务，以及在线法律咨询。[1]当然用人单位似应制定一些优先录用品行优良者的规则，此是题外话，不予赘言。

（3）扎实、宽厚的基础法学理论和法律知识。这是培养和提升法律素养的核心要素。我国是成文法国家，属大陆法系，法学教育理应重视和强化基础法学理论和法律知识。德国法学家伯恩·魏德士在其《法理学》一书中批评说："今天的法学教育被司法考试牵着鼻子走，它所培养出来的与其说是独立思考并具有判断能力的法学家，毋宁说是熟练适用法律的法律技术匠。在法学研究以及部门法的实践中，基础问题和方法论问题常常被回避甚至忽视"；书中还赞赏奥地利、匈牙利、捷克等国，"基础学科特别是法制史和法哲学在基础教育中起着决定性的作用"。[2]无论对法律思维能力、分析和解决实际法律问题的能力，还是对法律精神和法律职业伦理的培养，掌握基础的法学理论和法律知识都是不可或缺的，法律素养的提升有赖于长期的法学理论熏陶和法律知识浸染。在21世纪初改革后的哈佛法学院最新培养方案中，理论知识传授与案例讨论始终是教学的基本形式，课堂讲授仍是经典学习模式。[3]法学教育若将重心放在法律职业培训上，实乃急功近利之做法，其结果通常是欲速不达，且极易使法科学生丧失长远发展、不断自我提升的内在动力和后发优势。不少学者认为我国以往的法学教育过于重视理论，忽视了实践教学，但实际上只是着力于法律和法学的知识传授，并非真正重视了法学理论教育。

3. 基础性法律职业能力

法律职业能力在广义上也可以包含于法律素养，这也是法学

---

〔1〕 杨小利：《韩国法律人的职前教育制度》，载《法制日报》2016年1月27日，第11版。

〔2〕 邓建新：《我们选择什么样的法学教育》，2010年6月18日，http://blog.sina.com.cn/s/blog_683a43c40100jc3w.html.

〔3〕 汪习根：《美国法学教育的最新改革及其启示》，载《法学杂志》2010年第1期。

教育的应有内容。因为职业能力与基础法学理论和法律知识等法律素养之间是相辅相成的，它既是法律人从事法律职业所必需的，也是法科学生培育法律素养的有益帮助和必要补充。但是法学教育应当专注于基础性法律职业能力，如文书写作与口头表达等语言能力、逻辑思维与法律思维能力，而非仅适用于某一法律职业之能力，或者复杂、高端之能力。且职业能力不应成为法学教育的重点，否则似有舍本逐末之弊、越俎代庖抢夺职业培训机构饭碗之嫌。

（1）语言能力训练。语言能力主要包括文书写作与口头表达两个部分，适用范围极广。出色的语言能力是法律人和管理人出色完成其工作任务的基础性能力，如撰写法律文书或其他管理文书时语言合乎规范、结构合乎逻辑、紧扣主题、论证充分而有说服力等，与人沟通、法庭辩论或其他需要陈述观点时能准确、清晰、流畅地表达自己的思想或愿望等。英国著名法官丹宁勋爵曾说过：从事与法律相关的职业就必须努力培养驾驭语言的能力，这是成功的前提，"语言是律师的职业工具"，无论是给法官写信还是使法官相信你的陈述，语言都至关重要。[1]当然语言能力的培养无捷径可走，根本途径就是长期、大量的语言实践，如多说、勤写，以滴水穿石的精神，自然铁杵也能磨成针。语言练习几乎可以渗透于全部的课堂教学或其他课外活动。

（2）法律思维能力培养。法治思维无疑是法科学生应该具有的重要法律素养，是法律职业所要求的基本能力。法治思维也是法治社会的管理人必须具备的基本素养。十八届四中全会对领导干部自觉树立法治思维、运用法治方式提出了更高要求，习近平指出："各级领导干部要对法律怀有敬畏之心"，"不断提高运用法治思维和法治方式深化改革、推动发展、化解矛盾、维护稳定能力。"[2]法治"对法律人思维有与一般民众不同的要求"，如尊

---

〔1〕［英］丹宁：《法律的训诫》，刘庸安、丁健译，群众出版社1985年版，第2页。
〔2〕习近平：《谈治国理政（第2卷）》，外文出版社2017年版，第116页。

重程序、重视规则中的逻辑、用法律术语思考等。[1]所以，法学教育无论是培养法律人还是管理人，都必须高度重视培养学生的法律思维能力，不仅使法律思维内化为法科学生的本能性反应，且须努力提高学生法律思维的缜密性、敏捷性。为此应当在教育理念、教学内容、教学方法、法学教材等各个方面，以及课堂教学、案例讨论、论文写作、考试方式、社会实践等各个环节进行相应的改革。笔者认为，首先，法律思维能力的具备和提高是以熟练掌握基本法律知识为前提的，只有对法律的基本概念、命题、原则、精神等能够完全了然于心，并且融会贯通，才能形成系统的法律思维；其次，法律思维能力的养成和提高须以分析、处理实际的法律案件或法学理论问题为条件，只有通过一定的法律实践活动才能将法律概念、命题、原则、精神等有机地联系起来，并最终形成法律思维的习惯和定势。

4. 中国传统文化和当代国情素养

我国的法学教育以培养适应中国特色社会主义建设需要的法律人和管理人为目标，这就决定了法学教育不仅不能脱离中国传统文化之根基和当代国情之实际，反而应当以此为立足点。法学教育固然应当大胆地学习、吸收、借鉴外国的有益经验，但应当保证其合理性、科学性和系统性，避免盲目性、机械性、片面性。首先，必须为我所需、系我能用、洋为中用。法学教育究竟需要向外国学习、借鉴哪些内容，应当从我国实际出发，即便其在本国成功，也未必适合我之国情，不宜盲目照搬、原封不动移植。其次，必须坚决反对全盘西化。外国法学教育并非都是先进的，甚至也有其缺陷，不宜盲目崇拜、照单全收，而应有所甄别，择其优者从之。最后，必须博采众长、兼收并蓄。各国法学教育通常都有其一技之长，不宜将学习外国局限于欧美甚至特定几个国家，更需避免唯美国马首是瞻。美国法学教育与我国存在较大区别，如：美国系本科后教育，素质教育任务较轻；其培养

---

[1] 孙笑侠：《谈谈法律人的思维》，载《人民日报》2014年2月28日，第7版。

目标主要是律师，法官从律师中选拔；美国以判例法为主。"一味照搬他国的教育模式"，包括课程、教材等，其后果自然不佳。[1]对欧美法学教育、法治模式需要研究、吸收、引进，但无须顶礼膜拜，其实发达国家之间如大陆法系与英美法系本身就存在诸多差异，即便同为英美法系的英国与美国也不尽相同，孰优孰劣不可一概而论，关键是能否与我国国情和需要形成最优结合，产生最佳效果。

我国法学教育在吸收、引进外国经验时更不应脱离中国传统文化之本源，基本甚至完全否定我国传统文化尤其是传统法制的观点显然是错误的。正如习近平同志所说，我国古代法制蕴含着十分丰富的智慧和资源，中华法系在世界几大法系中独树一帜。[2]对当代法学教育而言，传统文化中不乏优秀、积极的成分。如"和"文化，"天时不如地利，地利不如人和"，"和为贵"，有助于法律人和管理人抓住法律作为社会规则体系之真谛，即建立稳定、和谐的社会关系和秩序，正确认识调解在民事关系中的重要性；崇尚公平、正义，"富贵不能淫""威武不能屈"之传统，对培养维护正义、严守法律等职业伦理十分有益；强调集体利益和个人义务，有利于理解、内化和实施诚实信用、公序良俗、公平等基本原则。美国著名法学教育家 Camngton 教授认为，法学教育是一个国家文化的一部分，不得将其与本国文化割裂开来。[3]因此，法学教育理应努力传承和弘扬传统文化之精华，培养法科学生的传统文化素质，以增强其文化自信，也使传统文化能古为今用，服务于当代的法治、管理和社会发展。当然对传统文化也不能原封不动地被动接受，而应合理剔除其糟粕。

此外，法学教育也须重视对法科学生的国情教育。国情可以指我国各方面的实际情况，包括政治体制、产业结构、经济水平、自然资源、人口、区域、历史、文化、教育、国民收入、民

---

[1] 李龙:《中国法学教育改革报告》，高等教育出版社2000年版，第8~9页。
[2] 习近平:《谈治理理政（第二卷）》，外文出版社2017年版，第118页。
[3] 韩大元:《韩国法学教育的基本体制与改革趋势》，载《法学家》2002年第4期。

风民俗等，这些因素与法治建设、社会管理密切相关，甚至会影响一个企业的管理。无论法科学生将来从事的职业是法律还是管理，作为中国人，且是中国的法律人或管理人，掌握基本国情是完全必要的，这是依法治国、有效管理的前提条件。因为，立法、执法、司法或守法等法律运行的任何环节，如果脱离了基本国情，所立之法可能就不是良法，或是根本无法执行、适用，更谈不上普遍守法；同理也完全适用于管理活动，脱离国情的决策就是不科学的，要么不能实施，要么强行实施但效果适得其反。因此，没有基本国情素养的法科学生不可能成为优秀的法律人或管理人。

结 语

我国法学教育可谓几经劫难、历尽艰辛，改革开放后始得迅速恢复与发展，而今全面依法治国，更是进入了充满活力和希望的黄金时期。然而在市场经济大潮中，或由于教育者的迷茫，或由于社会的浸染，或由于管理者的失误，法学教育也滋生和暴露了不少弊端。在新时代有中国特色社会主义建设中，法学教育应当如何革弊创新，以更好地适应国民经济和社会发展需要，培养合格乃至优秀的法律人、管理人，的确需要认真对待、高度重视，而首要之计似应是正确定位法学教育的培养目标。法学教育理应面向市场，但不能将人才等同于产品；理应适当培养法科学生的基础职业能力，但无法向社会输送熟练工，更不能舍法律素养之本；理应以培养法律人为先，但也要积极回应法科毕业生大量成为管理人的实际，以及依法治国对熟悉法律之管理人的需求。法学教育应当致力于培养宽厚的哲学人文社会科学素养、法律素养系统。

善好公民的育化与宪法专业教育的主旨[*]

◎刘　永^{**}

摘　要：宪法专业教育是以宪法概念为基石范畴的专业教育，但若仅将宪法概念拘囿于宪法经典概念——"国家根本法"，不仅与其渊源——"公民团善好生活的方式"大相径庭，遮蔽公民在宪法概念中的应有之义，亦不足以应对转型中国社会道德选择困境。唯有彰显培育善好公民的宪法专业教育本旨，方能促使宪法专业教育合目的性与合规律性的耦合！

关键词：宪法专业教育　宪法概念　道德选择困境　善好公民

一、宪法专业教育的本旨
（一）宪法专业教育的基石范畴

正如亚里士多德所洞见的，教育的本身在于培育有德

---

* 基金课题：重庆市2017年博士后科研特别资助项目：宪法精神与善好公民的育化，资助编号：xm2017171。

** 刘永，法学博士，西南政法大学博士后。

性（Arêtes）[1]的善好公民[2]。但德性虽是人（human）与其他生灵（beast）区别开来的根本，仅仅将德性的养成寄托在虚无缥缈的逻各斯上无异于镜花水月[3]！德性的获得，在于其所生活社会道德法则——伦理规范的有道德性，即康德所称的先天和必然[4]；伦理规范的有道德性又是由其产生之基础——组织社会生活的"元规范"的正当性所决定的，缺乏正当性的"元规范"无法孕育足具德性[5]之公民，甚至人（homo）无非芸芸众生（beast）之一，遑论承载人格（caput）[6]所承载的构建善好之邦的重任！

宪法专业教育是以宪法概念为基石范畴的研究与教学的耦合[7]，其主旨在于培育善好公民——以信仰宪法为内心道德律令的健全人格（caput）者[8]。这一主旨能否贯彻在于作为宪法学教育的基石范畴——"宪法概念"是否与时下中国社会生活实

---

[1] 德性论起自柏拉图至苏格拉底的祖述，亚里士多德集其大成。

[2] "政治学的目的是最高善，它致力于使公民成为有德性的人、能做出高尚行为的人"，参见［古希腊］亚里士多德：《政治学》，吴寿彭译，商务印书馆2008年版，第26页。

[3] "如果说仅仅知道德性是什么还不够，我们就还要努力地获得它、运用它，或以某种方式成为好人……逻各斯虽然似乎能够影响和鼓励心胸开阔的青年，使那些生性道德优越、热爱正确行为的青年获得一种对于德性的意识，它却无力使多数人去追求高尚（高贵）和善。因为多数人都只知恐惧而不顾及荣誉，他们不去做坏事不是出于羞耻，而是因为惧怕惩罚……用逻各斯来改变长期习惯所形成的东西是不可能的，至少是困难的"，参见［古希腊］亚里士多德：《尼各马可伦理学》，廖申白译，商务印书馆2008年版，第312~313页。

[4] ［德］康德：《道德形而上学》，李秋零译，中国人民大学出版社2007年版，第212页。

[5] ［古希腊］亚里士多德：《尼各马可伦理学》，廖申白译，商务印书馆2008年版，第313页。

[6] 具有人格（caput）方为人（human），否则至多算众生（beast）中的一种（homo），也无法获得ius civile（市民法）的保护，而沦为被支配的客体！

[7] 关于宪法学范畴体系研究，可参见刘永：《中国宪法学范畴体系研究》，载《创新》2011年第1期，第86~89页。

[8] "人格是其行为能够归责的主体。因此，道德上的人格不是别的，就是一个理性存在者在道德法则之下的自由……一个人格仅仅服从自己给自己的准则"，参见［德］康德：《道德形而上学》，李秋零译，中国人民大学出版社2007年版，第231页。

情两相契合，否则立足于立法技术中立化[1]基础之上的宪法无法满足正当化的要求，难以获得公民的认同，遑论信仰！

（二）转型中国道德选择困境与宪法经典概念的不足

组织社会生活的"元规范"并非脱离社会生活本身的逻辑自洽，而是植根于其上的产物，其产生、嬗变和重构无不由此！[2]我国宗法社会的经济基础与西方古典时代父权、夫权退隐的夫妻财产共有制不同[3]，即使在商品经济高度发达的南宋，也主要是财产分配家庭化与社会保障宗族化的混杂。财产分配家庭化是中央王朝保障财源和兵源的根本制度，通常表现为财产分配的诸子均分；社会保障宗族化是小农经济时代公共服务欠缺的补充，通常表现为嫡长子爵位继承制，是"家国"矛盾与妥协的产物。其决定了宗法社会的政治架构以"以德配天"为核心，以"礼"作为"元规范"来组织宗法社会生活，构建起长幼有序、尊卑有别的宗法体系，其通过褒扬"知礼"君子与以"准五服以治罪"相为表里来型构社会公德，创造出极为稳固的集体主义道德生活模式[4]。

然自所谓"三千年未有之大变局"以来——在鸦片战争后开埠各口岸人民生活的市民化和农民活动范围的扩大等因素的综合作用下[5]，渐次瓦解了我国宗法社会的生活基础，并与乙巳修

---

〔1〕 立法技术中立化在德语中是一个复合名词，包含技术化和中立化两个概念，技术化是指通过普遍立法的技术化来构建一个仅仅满足实证主义要求的 Legalitätsystem（合法体制），国家丧失正当性而成为自身为法的强权；中立化是指在该合法体制内将法中立化为可明确计算国家权力具体操作的技术工具——Gesetz（法规），法经过中立化不复为具有正当性的自然法。而立法技术中立化则是指经过上述的技术化和中立化的处理将 Verfassung（宪法）改造为仅仅满足罗列个人自由权利目录的 Verfassungsgesetz（宪法法规）。

〔2〕[德]萨维尼：《论立法与法学的当代使命》，许章润译，中国法制出版社2001年版，第32页。

〔3〕周枏：《罗马法原论（上册）》，商务印书馆2001年版，第175~177页。

〔4〕所谓"礼之所去，刑之所取，失礼则入刑，相为表里"，参见范晔：《后汉书卷四十六：郭陈列传第三十六》，中华书局2007年版，第455~456页。对其的解构或可见刘永："出礼入刑"与"送法下乡"：论规范主义的社会基石》，载《安徽农业大学学报（社会科学版）》2017年第1期。

〔5〕李长莉：《以上海为例看晚清时期共同体生活方式及观念的变迁》，载《史学月刊》2004年第5期。

律为代表的制度转型共振，解构了"礼"对社会生活的组织。再加上中国社会的现代化进程属于外源型，尽管组织当代中国社会生活的"元规范"[1]——宪法体制已经在制度层面架构起来[2]，但若将宪法概念拘囿于植根于近代西方特殊历史经验之上的宪法经典概念，其所宣扬的个人主义价值观与我国集体主义道德生活模式背道而驰，不足为公民所认同以致无力应对转型中国道德选择困境[3]，在社会公德层面呈现出国人在熟人圈中"知礼"，公共场所犬儒式"无德"的矛盾状态。[4]

欲解决宪法经典概念的价值观与公民道德选择的冲突，就必须正视宪法经典概念的逻辑与历史局限，明晰我国宪法精神的独有品格，方能实现宪法专业教育培育善好公民的本职。如明治维新的"废刀令"和西南战争虽然冲击了武士阶层，但其后在制度层面对华族赎买和保护，客观上减轻了日本社会转型过程中因"元规范"重塑引起的转型社会道德困境。

然而，由于宪法专业教育尤其是国民教育仍停留在意识形态主导下的苍白说教与所谓传统美德的复兴[5]，即使在宪法宣誓制度和国民教育登场的当下，宪法专业教育对转型中国法治社会型构的核心效能——树立公民对宪法的信仰收效甚微，甚至随着转型中国社会道德困境的加剧开始起反作用。因此，在当前历史

---

[1] 刘茂林、仪喜峰：《宪法是组织共同体的规则》，载《法学评论》2007年第5期。

[2] 2011年3月10日，全国人大常委会委员长吴邦国向第十一届全国人大第四次会议作全国人大常委会工作报告时宣布，一个立足中国国情和实际、适应改革开放和社会主义现代化建设需要、集中体现党和人民意志的，以宪法为统帅，以宪法相关法、民法商法等多个法律部门的法律为主干，由法律、行政法规、地方性法规与自治条例、单行条例等三个层次的法律规范构成的中国特色社会主义法律体系已经形成。

[3] 道德选择困境在伦理学上又被称为道德困境，是社会转型时期组织社会生活的"元规范"未明确或社会成员对其不认可而引起的道德评价和道德选择的两难状态。参见罗国杰：《中国伦理学百科全书（第1卷）：伦理学原理卷》，吉林人民出版社1993年版，第333页。

[4] 刘茂林、秦小建：《人权的共同体观念与宪法内在义务的证成——宪法如何回应社会道德困境》，载《法学》2012年第11期。

[5] 根本无视大革命早摧毁其社会根基与市场经济条件下契约原则的相悖。

条件下，宪法专业教育主旨的实现更多要依靠面向法学本科生的宪法学课程建设。而面向宪法学研究生的专业性宪法教育固然重要，但与面向法学本科生的宪法学课程建设相比，对转型中国法治社会土壤的培养——"守法公民"的育化无异于屠龙之术。[1]

二、宪法概念的溯源

如前述所言，面向法学本科生的宪法学课程建设对于转型中国法治社会有着培育土壤的核心作用，然而作为其重心的宪法概念确因学界认知大多停留在宪法经典概念的层面——"国家根本法"而过于强调政治国家与公民社会的二元对立；同时，也不足以彰显公民与宪法概念的历史与逻辑联系，且在民族沙文主义高涨的时代更易陷入威权主义的陷阱。因此，亟需从宪法概念的萌芽入手去厘清宪法经典概念的逻辑与历史局限。

Constitution 开始脱离 Constitutio 并同化契约和普通法得以在英语中流行，且与博登主权论[2]相耦合，用来界定为"共同体的基本法"要到了1738年[3]。而之前无论是被指代确立封建关系的大宪章，还是被罗马皇帝矫诏都尚未遮蔽其词源 πολιτεία（国本或政制）的核心要素。不能不论及麦基文在《古今宪政》[4]一书中的贡献，其揭开了遮蔽在 πολιτεία 上的历史面纱，并将做为 πολιτεία 拉丁化的 Politeia 等同于最早的元规范意义上的宪法，有着超越 constitution（组织法）的重要意义，但由于麦基文对 πολιτεία 技术中立化的误读[5]不仅易使 πολιτεία 等同于缺乏正

---

〔1〕 然而，即使是面向法学本科生的宪法学课程建设，也由于定于一尊的宪法学本科教材的强行推广而陷入意识形态说教与"守法公民"育化的悖论！

〔2〕 刘茂林：《中国宪法学导论》，北京大学出版社2014年版，第25~91页。

〔3〕 根据1738年博林布罗克进行的著名定义，从此宪法开始成为凌驾于整个共同体之上的基本法。参见博林布罗克：《博林布罗克全集（第3卷）》，汉萨德萨斯出版集团1809年版，第157页。

〔4〕 翟小波翻译为《宪政古今》，似乎《古今宪政》这一翻译与亚里士多德《雅典政制》更有思想上的继承关系。

〔5〕 [法]让·博丹：《主权论》，李卫海、钱俊文译，北京大学出版社2008年版，第21~22页。

当性的 Τυραννίs[1]，而且从根本上抹杀了 πολιτεία 中的核心要素——公民，这本是马基雅维利主义兴起之后所力图实现之目的。

从词源上而言，πολιτεία 与 Cicero（西塞罗）所说的 res publica[2] 一样，都是 πόλις 或 civitātis[3] 的最高治权所寄[4]，其主权归属于 populus（人民）[5]，正如亚里士多德所洞见的，πόλις 与公民密不可分，不是国家理性确定以后的利维坦[6]。因此，Cicero 再次将 civitātis 重申为，"res publica res populi, populus autem non omnis hominum coetus quoquo modocongre-gatus, sed coetus multitudinis iuris consensu et utilitatis communione sociatus[7]"，具有人格（caput）方为人（human），否则至多算众生（beast）中的一种（homo），也无法获得 ius civile（市民法）的保护，而沦为被支配的客体！

---

[1] 僭政。

[2] 城邦事务，通常翻译为"共和"，实际上是对亚里士多德所谈的混合政制的误译。真正共和概念的出现要等到 19 世纪共和主义的兴起。

[3] 城邦或母邦，区别仅在希腊语和拉丁语，指型构希腊各邦或罗马核心的公民团。

[4] 即"政体（宪法）为城邦一切政治组织的依据，其中尤其着重于政治所由以决定的'最高治权'的组织。城邦不论是哪种类型，它的最高治权一定寄托于'公民团体'，实际上就是城邦制度，例如平民政体的治权寄托于平民（德谟），而寡头政体的治权则寄托于少数；治权所在的团体，两者既有这样的差别，我们就举以为两种政体的差别——其他各种类型的政体我们也凭同样的理由加以区分"，参见［古希腊］亚里士多德：《政治学》，吴寿彭译，商务印书馆 2008 年版，第 129～130 页。

[5] 博丹的主权事实上是治权，"主权是共同体（commonwealth）所有的绝对且永久的权力，是凌驾于公民和臣民至之上的最高的和绝对的权力⋯⋯人民或君主才永远是主权的合法所有者（qui en demeure tousiours saisi）"。但其将治权凌驾于主权之上并归于君主，值得注意的是，博丹主张主权并不一定仅仅归于君主；并认为主权受自然法和神法的约束，即"世俗的君主都要服从上帝和自然法，也要服从于不同民族的共同法"，参见［法］让·博丹：《主权论》，李卫海、钱俊文译，北京大学出版社 2008 年版，第 25～41 页。

[6] 所以"城邦的成为一个组合物就好像许多'部分'的结成为一个'全体'，我们如果要阐明城邦是什么，还得先行研究'国民'的本质，因为城邦正是若干（许多）国民的组合"，参见［古希腊］亚里士多德：《政治学》，吴寿彭译，商务印书馆 2008 年版，第 112～113 页。

[7] 城邦（王译为国家，不太合适）乃是人民的事业，但人民不是人们某种随意聚合的集合体，而是许多人基于法权的一致性和利益的共同性而结合起来的集合体，参见［古罗马］西塞罗：《论共和国》，王焕生译，上海人民出版社 2006 年版，第 75 页。

这是苏格拉底所开创的中经柏拉图所弘扬（在罗马由 Cicero 所继承）的"德性即正义"——"our entire state has been constructed so as to be a 'representation' of the finest and noblest life……which true law alone has the natural powers to "produce" to perfection"[1]。是以，πολιτεία 的根本使命在于促进公民团生活的善好，即 πολιτεία 只有在符合德性前提下方能与 Τυραννίs（僭政）区别开来，而成为公民团生活的圭臬。因此，《伦理学》的结尾与《政治学》的开篇再次弘扬法度于 πολιτεία 的重要性，"这样的平民政体实在不能不受到指摘，实际上它不能算是一个政体。凡不能维持法律威信的城邦都不能说它已经建立了任何政体……命令永不能成为通则["普遍"（而任何真实的政体必须以通则即法律为基础）]"[2]，因为 Τυραννίs（僭政）就在于"在各类政体中，僭主政体［完全没有法度］就不像一个政体"[3]。

因此，πολιτεία 作为宪法概念的萌芽其包含三个重要特征，并以公民为核心要素：

第一，πολιτεία 是遵守公民团 θεσμόs（法度）的公民团的善好生活方式，是公民生活理性的实现，成为 Cicero 口中的 optimus civis（立法者）。其与现代政治学中的政制或政体相近，根据城邦政治力量的对比和城邦氏族残余的多寡、城邦经济发展程度，将城邦最高治权赋予不同类型的公民团，无论 βασιλεία（王制）、Αριστοκρατία（贵族制）还是 δημοκρατία（混合制）都是不同政制下公民团对最高治权的寄托，其不同于 Τυραννίs（僭政）或平民政体中滥用"人民来做判断"的 νόμοs（公民大会决议），只有在此前提下才能成为公民团生活的圭臬，是政治正当性的最早阐述，也决定了建立在技术中立化前提之下的宪法

---

［1］［美］麦基文：《宪政古今》，翟小波译，贵州人民出版社2004年版，第1483~1484页。

［2］［古希腊］亚里士多德：《政治学》，吴寿彭译，商务印书馆2008年版，第195页。

［3］ Plato, *Complete Works*, Laws: Ⅶ, 817b ~ c, John Madison Cooper, Indianapolis: Hackett Publishing Company, 1997, p. 201.

经典概念不具备政治正当性的逻辑局限。

第二，公民是 πολιτεία 核心要素。πολιτεία 与基本法概念的本质区别之所在，就在于其是围绕公民生活理性还是国家理性。事实上在宪法主体中，国家只是 πόλις（公民团）发展到民族国家时代的表现方式，是中世纪以来 commonwealth（共同体）概念的进一步发展，其本质并没有脱离 πόλις 本身，不应在国家理性的路径下强调公民与国家的二元对立，而应返回 πόλις 概念本身，明晰公民对国家政治生活的参与才是宪法权威得以确立的前提，这也同时彰显了基本法概念的历史局限。

正如库朗热所洞见的[1]，公民对城邦生活的参与，就是通过行使治权得以实现，包括祭祀、选举、审判、婚媾等类似罗马《十二铜表法》所规定的 iūs civile（市民权），这就是亚里士多德所谈到的人是政治的动物[2]，公民通过参与城邦生活而实现生活德性。Πολίτης（公民），有父之子，为各城邦建立时各部落成员后代，与今天国籍法意义上的公民不同，希腊各邦所谓全称公民，即"凡得参加司法事务和治权机构的人们"[3]，不具备治权或治权不完备的生活在城邦中的广大工匠、客民或奴隶是被排除在公民之外的；其与家父权解体之前的 civis 罗马（市民）类似。

这既是法国雅各宾宪法中积极公民的历史原型，又是宪法专业教育的重要意义之所在。在当代，尽管市场条件并非绝对完善，但改革开放 40 年以来客观上造就出广大的市民阶层，与 Πολίτης 相比是以核心家庭的生活为中心。为此，宪法专业教育必须以公民概念为核心，促进法学本科生公民意识的养成，因为与广大市民阶层相比，法学本科生在未来的职业发展中有更高的

---

[1] "城邦与城市在古语中并非同义。城邦是各家及各部落互相结合所形成的宗教与政治团体，城市则是这个团体进行集会、居住和神庙的所在"，参见［法］库朗热：《古代城邦：古希腊罗马祭祀、权利和政制研究》，谭立铸等译，华东师范大学出版社 2006 年版，第 123 页。

[2]［古希腊］亚里士多德：《政治学》，吴寿彭译，商务印书馆 2008 年版，第 7 页。

[3]［古希腊］亚里士多德：《政治学》，吴寿彭译，商务印书馆 2008 年版，第 114 页。

概率参与到政治生活中来,其是完善人民代表大会制度,尤其是完善候选人推荐制度的关键,也是引导市民阶层维护其基本权利的人才储备。

第三,公民人格平等。如亚里士多德所洞见的,政制[1]的核心都是主权归于公民团,只是治权各有千秋[2]。只要生长于公民团的现实生活层面,并以公民团福祉[3]为主旨的政制,无论何种政制都是合理的。当然一俟煽动民粹攫取政权,无论是偏袒哪一方利益都非良政美治,甚至有沦为暴政的危险[4]。Cicero重申主权在公民团,正源自公民团是人格平等的公民结合起来的法权联盟[5]。此亦是古典自然法学派思想的祖脉,奠定了费希特提

---

[1] 从宪法概念的历史渊源而言,古希腊、罗马时代本不存在所谓国家法意义上的宪法体制,准确而言为 πολιτεíα 或 res publica(政制)。

[2] "政体(政府)的以一人为统治者,凡能照顾全邦人民利益的,通常就称为'王制(君主)政体'。凡政体的以少数人,虽不止一人而又不是多数人,为统治者,则称'贵族(贤能)政体'……以群众为统治者而能照顾到全邦人民公益的,人们称它为'共和政体'——这个名称实际上是一般政体的通称,这里却把一个科属名称用作了品种名称。引用这一名称是有理由的。一人或少数人而为统治者,这些人可能具有特殊才德;等到人数逐渐增加时,当然难于找到这么多各方面的品德都是完善的人,唯有军事性质的品德可以期望高于多数的人们,武德特别显著于群众。所以在共和政体中,最高治权操于卫国的战士手中,这里必须是既有武备而又力能持盾的人才能被称为公民而享有政治权利",参见[古希腊]亚里士多德:《政治学》,吴寿彭译,商务印书馆2008年版,第136页。

[3] 西塞罗表现为平衡,而非通常所曲解的共和,而共和的词源 res publica,在西塞罗时代实际上指的是公民团的生活。

[4] "相应于上述各类型的变态政体,僭主政体为王制的变态;寡头政体为贵族政体的变态;平民政体为共和政体的变态。僭主政体以一人为治,凡所设施也以他个人的利益为依归;寡头(少数)政体以富户的利益为依归;平民政体则以穷人的利益为依归。三者都不照顾城邦全体公民的利益",参见[古希腊]亚里士多德:《政治学》,吴寿彭译,商务印书馆2008年版,第137页。

[5] 即 "Quare cum lex sit civilis societatis vinculum, ius autemlegis aequale, quo iure societas civium teneri potest, cum parnon sit condicio civium? Si enim pecunias aequari non placet, siingenia omnium paria esse non possunt, iura certe paria debentesse eorum inter se, qui sunt cives in eadem re publica. quid est enim civitas nisi iuris societas? …(所以,既然法律是国民联盟的纽带,由法律确定的权利是平等的,那么当国民的地位不相同时,国民联盟又依靠什么法权来维系呢?要知道,要是国民们不愿意均等财富,要是人们的才能不可能完全一致,那么作为同一个国家的国民起码应该在权利方面是相互平等的。就这样,国民社会若不是国民的法权联盟,又是什么呢?……"),参见[古罗马]西塞罗:《论共和国》,王焕生译,上海人民出版社2006年版,第87~89页。

出的自然法权以尊重他人平等人格为前提的地基[1]。

三、宪法专业教育的路径

如前述所言，宪法专业教育应当围绕善好公民培育为核心，促进法学本科生公民意识的养成。就转型中国法治的构建而言，应致力于培养以法学本科生为核心的"守法"意识，在宪法精神的指引下，奠定对宪法的信仰，使"守法"成为其内心道德律令。

（一）人格平等是"守法"的前提

如前述所言，任何社会的教育都是伦理教育，都力图培养出以该社会"元规范"为信仰的有德之民。在转型中国法治社会的构建过程中，由于传统宗法社会的根基被粗暴扫除和城乡二元格局在城市化加速的背景下加剧，传统以"知礼"为核心的传统道德丧失基础。一俟城市化进程加速和法的僵化适用更加剧了转型中国道德选择困境。为消解此种困境，有论者给出否定法治回归"德治"的"良方"，极端者甚有宣扬尊孔读经来造就一批中国式的"哲学王"以改良社会。然而"德治"论者以为宗法中国是通过传统道德对所谓浇漓奢靡社会风尚的唾弃来实现社会和谐，其缺乏对宗法社会生活实情的考察，以致其构建和谐社会的方案与蒋介石的"新生活运动"殊途同归[2]。

宗法中国是以"亲亲""尊尊"为核心衍生建立起来的宗法社会体系，其从对血亲关系的拟制出发，构建了一个长幼有别、尊卑有序的人格不平等的社会；而法治中国的核心架构在对宗法关系打破的基础之上，主旨在于促进平等主体之间民事权益的快

---

[1] [德]费希特：《自然法权基础》，谢地坤、程志民译，商务印书馆2004年版，第10页。

[2] 蒋介石认为，"如果人民不能履行其对国家的职责，则国将不立，民将不存"，只有引导人民像"完全合格的……现代公民"那样行动，才能使国家新生。进而发动以儒家道德规范和普鲁士纪律（使全国公民的生活彻底军事化）双重强调的"新生活运动"，但蒋介石的新生活运动彻底失败了。它动员中国人成为"新公民"的努力未获成功，哪怕"仅就从来没有去发挥群众的主动性这一点而言也是如此"，参见[美]柯伟林：《德国与中华民国》，陈谦平译，江苏人民出版社2006年版，第200~208页。

速流转，进而需要构建一个以人格平等为基础的社会。从伦理学的历史演变和人格在罗马法上的演进来看，公民不仅仅是国籍法意义上的具有某一国籍的自然人，其在伦理学上更重要的源自人格与人的紧密关联。人从根本上区别于动物，而具有政治性（社会性）在于人格的取得。[1]从罗马法上 homo 与 human 的区别来看，可以分外明晰罗马法将人分为三种，即 Homo——自然法意义上的人，包括奴隶在内的所有生活在罗马帝国境内的人；Caput——具有人格权的人；Persona——具有某种身份的人。只有拥有家父权和市民权的自由人才拥有完整人格，拥有公权和私权两部分权利。其中公权以被选举权为核心，私权以婚姻权为核心，所以是否具有人格是公民真正能被承认的历史来源和伦理基石。因此，守法公民的培育并非简单地强调国籍法意义上的公民权利，更应注意到正如边沁和费希特所共同洞见的，平等人格是社会福利最大化的前提，是自身权利能得到尊重的前提。

因此，在宪法专业教育中若不能将人格平等贯穿到"守法"国民的育化，尤其是公民基本权利保障的课程建设中，不明晰由人格平等衍生出的基本权利边界，而一味地强调公民基本权利保障无异于南辕北辙！

（二）自治是公民德性养成的路径

由于我国初中等教育的升学导向，法学本科生在接受高等教育前鲜有机会管理自身和真正意义上参与到班级生活的建设中来。自治作为公民德性养成的路径，既包括自身的自治，即基于对人格平等的认同而将"守法"作为其内心道德律令而规范自身生活；还包括公民自身对社会本身的参与，这也是公民努力成为 optimus civis（立法者）的前置条件，即亚里士多德所洞见的，"共同的关心就要通过法律来建立制度，有好的法律才能产生好的制度……假如有人希望通过他的关照使其他人（许多人或少数几个人）变得更好，他就应当努力懂得立法学……立法学是政治

---

[1] 刘茂林：《中国宪法学导论》，北京大学出版社2014年版，第71页。

学的一部分"[1]。

"治大国如烹小鲜",欲培养法学本科生日后参与政治生活的能力,需先从法学本科生自身所归属的共同体——班级、宿舍生活的参与着手。一方面,需要突破宗法社会差序格局下的特权与身份歧视对当前大学生的不利影响。如以班级自治实验为例,仍然存在着"官本位"对班级自治的不利影响,甚至有的班委会存在着班委集权压制班级成员的现象。另一方面,还需要与大学生自治生活相结合,如结合当前的志愿者活动,进行宪法精神宣传、关注社会公益保护;以运行良好的模拟法庭模式进行诸如马伯里诉麦迪逊案的演练,在角色扮演过程中体会宪法精神对守法公民塑造的要求;进行案例与无领导小组讨论相互结合的教学改革,结合当前宪法热点问题进行案例演练,促进大学生培养自主、互动型学习方式;深入大学生自治生活的实践,从指导围绕班级自治章程制定的班自治生活的检讨与宿舍和谐生活的探讨,再到围绕《罗伯特议事规则》来组织会议,在自治生活层面进行实操,促进法学本科生公民德性的养成。

结 语

宪法之所以能成为共同体社会的灵魂,从根本上在于宪法对共同体社会生活的调谐,其建构和关怀必须要落实到社会现实的需求,因此任何制度的创新解决的都是人本身的问题,而不是为了规范体系的自治,此也是人类组织社会的根本之所在,也是宪法精神普适性具体实现的根本之所在!唯有在宪法精神的指引下,彰显培育善好公民的宪法专业教育本旨,方能促使宪法专业教育合目的性与合规律性的耦合!

---

[1] [古希腊]亚里士多德:《政治学》,吴寿彭译,商务印书馆2008年版,第315~316页。

论刑法学教育的基本维度及其几个关系

◎陈 璐[*]

摘　要：在改革开放日益加深、社会矛盾凸显的现阶段，自由与秩序、报复与宽容、功利与价值、形式与实质等两极观念的碰撞逐渐加剧，如果刑法学教育还局限在刑法解释学的教授上，那无异于是冥行盲索。刑法学教育工作者的任务不仅仅是传授知识，还载负着培养"法之理性"的使命，并传递法律的价值和意义，呈现出三向维度。刑法学教学应当处理好知识教育与经验教育的关系、体系性思维与个案正义的关系、域外学说与本土法制的关系以及刑法与其他学科的关系。

关键词：刑法学教育　基本维度　关系

从79刑法典开启刑法体系化的开端至今，现代刑法学教育的发展在我国不过近40载。在这期间，刑法学教育体系一方面随着刑法学理论体系的成熟而趋于稳定，另一方面又在知识代际发展中持续拓展创新，在教

---

[*] 陈璐，女，河南财经政法大学刑事司法学院讲师，刑法学博士、博士后。研究方向为刑法学。

学方法、理论延伸等方面不断丰富刑法学教学的内涵与外延。当前的刑法学教育很像年近不惑的青壮年男子，骨骼成熟健壮而又充满朝气，摩拳擦掌欲创一番作为，时代发展亦恰逢时机。在改革开放日益加深、各种社会矛盾凸显的现阶段，刑事法治领域大变革逐步试水，国家此时更提出要加快建设社会主义法治国家的目标，各种观念碰撞空前剧烈，这对刑法学教育工作者提出了严峻考验，也对教学工作本身提出了更高要求。现阶段刑法学教育不仅要承担起培养新时代法律职业中坚力量的艰巨任务，更肩负塑造法律共同体"法之理性"、传递"法之价值"的历史使命。如果孟德斯鸠是从历史中寻求法的精神，梁治平先生是从文化中寻求法的精神，那么本文就是从教育中寻求法的精神。

一、我国刑法学教育站在了新的转捩点上

在近40年的发展中，我国刑法学教育与刑法典的颁布、修订一道经历了从无到有的过程，如今已颇具规模，不论是培养人才的规模，还是法律共同体素养的提高，刑法学教育都功不可没。拉伦茨强调法学以处理规范性角度下的法规范为主要任务，[1]在我国刑法学基础比较薄弱的时期，注释刑法规范是刑法学教学、研究的首要任务，着重传授刑法学基本概念、原则以及法条的应用，这被称作"刑法解释学"（或刑法教义学），[2]其目标是通过价值中立的法教义学将事实转化成一般认识或者真理，构建一个埃塞尔所期望的独立体系的法概念以及法制度的基本理论。[3]在相当长的一段时期内，刑法解释都是我国刑法教学、研究的主流，尽管有学者提出简单注释刑法典会使刑法学停留在一个低层次水平，刑法学需要完成从注释刑法学到理论刑法学的转变，但最终学界

---

[1] ［德］拉伦茨：《法学方法论》，陈爱娥译，商务印书馆2003年版，第77页。

[2] ［日］大塚仁：《刑法概说（总论）》，冯军译，中国人民大学出版社2003年版，第24页。

[3] 孙笑侠：《法学的本相——兼论法科教育转型》，载《中外法学》2008年第3期，第422页。

还是较一致地认为,刑法学主要还是刑法解释学,没有刑法解释学就没有发达的刑法学。在我国刑法观念相对稳定的时期,这种研究和教学局面也能够自给自足,我国法学人才输出和刑法学研究的基本面是稳定的。

但这种情况在 2010 年之后发生了改变。2010 年之后的几年里,刑法立法经历了 97 新刑法实施以来最大的变革时期,集中体现在《刑法修正案（八）》（2011 年）、《刑法修正案（九）》（2015 年）对刑法的修订中,它涉及刑事责任区分、严密刑罚结构、废除死刑、增设罪名、调整各罪刑罚等诸多方面,从宏观观念和细部品质两个方面呈现出对刑法的完善。这说明我国刑法规范已经在更高层面开启了自我反思的路径,以寻求理论与现实的双重自洽。与此同时,价值观念的冲突也随之而来,犯罪化合理性根据、性犯罪死刑废除、贪腐犯罪降低入罪起点、行政犯罪与非罪认定等问题的争论在刑法学界和坊间同时点燃。对这些问题的回答涉及自由与秩序、报复与宽容、功利与价值、形式与实质的剖析与取舍,但我们最终遗憾地发现,目前这个法律共同体对此却并不擅长,刑法解释学更对此束手无策。

实际上,近十年来刑法理论争论的基本点都围绕这些相互冲突的两级价值观念展开,这些冲突甚至成为我国刑法改革的最大障碍,解决不了这些问题,刑法改革便没有清晰的方向。要回答我们为什么不擅长解决以上问题并不难,只需稍稍回顾一下我国近代法制史即可,但真正的问题是我们必须从两极观念中找到最适合中国的那条路。到目前为止,无论是刑法理论还是实务均站在分岔的路口前面踟蹰难行。在这种情势下,如果刑法学教育还仅仅局限在刑法解释学的教授上,那无异于是冥行盲索。我们的刑法观念不似西方那样经历 17、18 世纪思想启蒙而达到相对成熟,还需要在与现实的矛盾碰撞中进一步开化、进化,如果说历史上我们错过了思想启蒙,现实无疑给了我们第二次机会。我国刑法学经历近 40 年的发展,概念、理论体系都已实现前所未有的逻辑自洽,而由于思想启蒙缺位、国内改革开放加深以及世界犯罪局势的影响，刑法价值观念却并不成熟。尽管在司法职业资格考试实施之后，法律职业者的法学素养比社会一般人高了很多，但这只是比社会一般人更了解法律概念和知识体系，在思想观念上并不比社会一般人更具法之精神，他们在有限的法学教育中，正义、理性的法之精神还没有内化为行为准则，法之价值也没有形成国民的内心确信而给予信仰。如果说97刑法典的颁布开启了刑法现代化的开端，从而使刑法站在一个新的历史起点的话，那么当前的刑法又站在了淬炼思想、澄明观念的一个关键转捩点，刑法学教育显然不能对此视而不见，而是应当积极地参与到这一过程中来，并发挥启蒙、引领作用，完成我国刑法学向价值观念成熟转型。

二、刑法学教育的三向维度

法学是一门应用学科，刑法学自不例外。但刑法公法之性质以及处罚手段的特殊性决定了，刑法及其实施更关乎国家统治的温度以及法治文明程度。从这个意义上讲，刑法学教育工作者的任务不仅仅是传授知识，还载负着培养法之理性的使命，并传递法律的价值和意义，呈现出三向维度。

（一）法科学生未来职业之维度

随着19世纪中后期法律实证主义的兴起，西方法学教育开始了由古典法律理性教育向现代法律职业教育的转变，这种转变与法学理论的代际更迭不谋而合，展现了思想进化的完整逻辑，也体现了不同历史时期对理论和教育的不同需求。遗憾的是，近代人文社科的发展轨迹并没有在中国留下深刻印记，新中国成立后，法学教育毫无规律可寻。彼时法律还是政治话语中的词汇，在共和国前30年的全能国家模式中，并不存在成熟的法律职业，社会对法律职业的需求很少，法学教育沉浸在革命浪漫主义中，呈现出与任何国家都不同的特殊面貌。[1]1997年以来，随着市场

---

［1］ 刘诚：《在职业教育与通识教育之间——法学本科教育的一个初步思考》，载《中山大学法律评论》2010年第8期，第4页。

经济的勃兴、个体权利观念的普及以及民主法治的提倡,法律逐渐从政治语境中脱离出来,法律专业也从政治系中分离出来成为一个独立的院系。在法典化时期结束后,国家、社会对法律从业人员的需求急剧增长,法学职业教育才作为一个显性目标被郑重对待,我国法学教育才渐渐获得了与世界对话的话语权。

法学教育必须为法科学生的未来做好准备,[1]这是教育使人体面生存的基本要义。国家法律职业是一个大体系,包括立法、司法、法学教育、法律社会工作等方面,这些工作岗位共同维系着国家法律运行的基本秩序,亦需要法科毕业生具备从事法律工作的基本素质,这便是法学教育的最基本维度。有学者就明确提出,应当借鉴外国经验,将中国法学教育的目标定位在法官能力之培养,即培养学生掌握我国主要实体法、程序法的基本知识,并具备法律解释与适用的能力。[2]我国教育部、中央政法委员会《关于实施卓越法律人才教育培养计划的若干意见》(教高〔2011〕10号)明确指出将培养"应用型、复合型法律职业人才"作为法学教育的主要目标。法律职业预备力量的培养包括知识教授和实训操作两个方面。一直以来,我国法学教育被诟病为"重理论,轻实践",但法学教育中知识传授与实践训练的矛盾冲突并非只在我国存在,在美国,学者也对两者的脱节提出了尖锐的批评。[3]如何使法学教育满足法律从业者技能的需求成为各国法学教育共同探索的问题。我国实行司法职业资格考试制度、引入法律硕士培养模式,采取判例教学法、对话教育法、谈判教学法、诊所教学法、模拟教学法、解决个案作坊教学法等,其目的就是加强法学院实务技能训练的功能,实现大学教育与法律职业的衔接。

但现在人们普遍认为,法学职业教育的使命并不仅仅是培育

---

〔1〕 Nicole Kornet, "Future-Minded Legal Education in Europe: The European Law School", *China-EU Law Journal*, 2014 (3), p. 24.

〔2〕 葛云松:《法学教育的理想》,载《中外法学》2014年第2期,第285页。

〔3〕 Charles E. Rounds, Jr., "Bricks without Straw: The Sorry State of American Legal Education", *Academic Questions*, 2011 (9), p. 172.

法匠的"技艺",以解决法科生的就业及国家法律职业后继有人的问题,毕竟法律职业是一个在信仰和理性中解决人与人、人与国家(社会)关系的工作,为了使国民在安定的法律适用中获得安定的生活,法律适用必须有其内在稳定统一的道德、伦理逻辑。因此法学教育职业化的目的也在于,培育一个具有共同法律信仰、职业伦理的法律职业共同体,以发挥其特有的功能。[1]即便是在实用主义大行其道的美国,除了部门法学,法律伦理(Legal Ethics)或法律人之职业责任(Professional Responsibility)也是法学院的必修课程,而欧洲的法学教育更是将法学理论素养视为法律的土壤。在我国,"培养法律职业人才"这一目标的确定并不意味着我国法学教育的使命仅仅是职业技能培训,关于正义的职业理想从来都不能只靠法律技工来实现,苏格拉底"拥有技艺不一定拥有美德"的判断生动诠释了这一结论。

(二)法之理性观念塑造之维度

刑法作为一种控制社会秩序的法律制度,除了经由解释的规范系统,还存在决定这一规范系统的观念。刑法观念是人们对刑法本质、任务和功能的主观认知和价值取向,这种观念直接影响着国家的刑事立法、刑事司法和民众的刑事法律意识,并最终决定法律是否为良法、法律职业者是否拥有美德、人民是否信仰法律。[2]刑法观念不解决某行为构成何种罪名、该处何种刑罚的问题,那是技术所解决的问题。它要问的问题是:某行为通过立法给予刑事打击(抑或除罪)的合理性根据何在?法官应当具有何种素质?法律和道德的关系是怎样的?国家权力和公民权利的界限何在?法律能不能使国民生活更加安定幸福?等等。对于这些问题的回答,显然超出了刑法解释学的能力范畴,也比解释法律更加耗散智慧,但最终的收获也更为厚重。

---

[1] 徐显明:《中国法学教育的发展趋势与改革任务》,载《法制资讯》2010年第1期,第86页。

[2] 陈璐:《综合主义刑法观念的提倡》,载《法制日报》2014年4月30日,第12版。

当刑法学教师在课堂上向学生提出以上这些问题的时候，便是对法学理性的拷问，而教育本就是为塑造人类理性而产生的，从这个意义上讲，当教师提出这些问题的时候，才真正触及了教育的本质。实际上，法律的适用过程永远伴随着对这些问题的拷问，经由拷问提升法律共同体的共情能力和人格，形成法之理性观念，并最终指导法律的适用。"法官的人格是正义的最终保障"这句古老的谚语揭示了观念对法律的重要作用。正如有学者指出，法治的进步与人的观念、感情不断提高紧密相关，它与法律人的道德能力具有紧密的逻辑关联，因为法律人阐释、运用法律和推进法制改革的角色要求他们"具有宽广的胸襟、博大的胸怀，而不仅仅是狭隘的技匠"。[1]

在笔者尚不敢称作经验的几年刑法学教学生涯中，除了讲授知识，亦十分留意法科学生的思想观念，并固执地认为，今日法科生的法之理性将决定日后法治之兴衰。但经过与大一、大二（刑法学课程设置在大一下学期和大二上学期）学生交谈互动，笔者发现，法科生距离陈寅恪先生所提倡的"独立之精神、自由之思想"相去甚远：他们既对法治信仰、普世法价值观缺乏基本的敬畏，又对西方国家的法律制度大加赞崇；既对我国刑事法治公平正义缺乏内心确信，又对现行刑事司法的种种流弊缺乏自觉反思；既对当前社会转型期法治之乱象义愤不已，又怠于对问题追根溯源，无所寻求；更无法超越法学本身对人权、人性进行终极关怀，呈现出迷茫、混沌的情感状态。这让笔者格外感觉到法学教育对于理性观念塑造的重大意义，如果我们的法科生带着这样的情感状态走向职业岗位，又怎能奢望他们主持的法治是澄明的。这些年越来越多的刑法学教师一直在思忖如何在刑法教学中融入观念教育，培养法科生的理性精神、人本意识、平等意识等独立法律人格，并尝试以阅读经典、主题辩论等方式来为学生提供观念淬炼的机会。同时笔者深知，理性观念和公共品质的养成

---

[1] 周国兴：《经典阅读是法学教育的"正确打开方式"》，载《中国社会科学报》2017年7月12日，第5版。

并不能仅仅依靠几年的高等教育就能实现,它需尽滴水穿石之功缓慢改变,但高等学府无疑是最重要的浸润之地,而刑法教育工作者正是使命的承担者。

(三) 法治价值传递之维度

法律不仅仅是安排社会生活和解决社会问题的工具和手段,同时也是特定人群价值追求的某种显现。换言之,它并不只是解决纠纷的手段,也是传达意义的符号。[1]发掘刑法规范内在蕴含的价值以及引领未来刑法的价值也是刑法学教育的重要使命。在我国封建社会,法律裁判始终是价值与封建律例的结合,这在当时的社会体制中是一个高度理性化的设计。[2]如果说我国古代法律宗孔孟而重纲常、西方法律宗耶教而重平等,那么我们必须回答,我国现代法治的价值宗旨是什么?

自新中国成立以来很长一段时间内,我们都没有正面回答这个问题。法律在经历了革命理想主义—虚无主义—工具主义之后,及至2006年社会主义法治理念的提出,才第一次在国家层面明确了我国社会主义法治的价值追求是公平正义,既遵循了社会主义市场经济这一先决条件的历史规律,又保留了维系我国传统社会关系的伦理道理内核。但公平正义这个生发于西方商品经济的价值原则对于我国国家机器及民众来讲,不过是19世纪以降才出现的事物,隐伏在其后面的人类理性觉醒、形式法律观念以及辩证逻辑思维训练在我国历史上从来不曾有过,缺乏这些隐相维系的力量,公平正义始终未能作为一种常态秩序在我国刑事法治生态中建立起来,这也是我国刑事法治至今无法达到世界先进国家那般人性、昌明的根本原因。如此一来,公平正义背后的人类理性觉醒、形式法律观念以及辩证逻辑思维训练便成为公平正义价值原则得以在法律适用中实现的前提,而这些在我国生根、传承的重要途径便是教育,这也日本明治维新带给我们的启示。

---

[1] 梁治平:《寻求自然秩序中的和谐》,中国政法大学出版社2002年版,第3页。

[2] 陈惠馨、顾忠华:《论传统中国的法学教育——以法体系之价值内涵为中心的学习制度》,载《清华法学》2006年第9期,第106页。

有学者指出，法律有一种可以客观地认识的性质，这种性质独立于任何具有价值的预想之外，从而认为，价值法学虽然凌驾于实在法之上高瞻远瞩地进行价值评判，但是难免是主观评价而难以成为认识或者真正的问题。[1]对此笔者并不以为然。法学作为社会规范科学必然伴随着人们基于生活目的的价值选择，制定并自觉遵从法律的内在动力也是为了保护价值。价值问题遭到学者的排斥大抵是因为用以描述价值本身的词汇过于概括、宏观，使人觉得言之无物，但在现代法学语境中，对价值的研究并不是去阐释那些词汇，而更多落脚在如何结合本国国情使法律实施更加符合国民的生活目的，即价值的实现。公平正义价值的实现就像一部精良机器的运转，对"零部件"要求极高，如何制造这些"零部件"是研究的重点。于目前我国而言，理性觉醒、形式法律观和辩证逻辑思维是主要的三大"零部件"，刑法学教育理应全力承担，这是刑法学教育承担法治价值传递使命的题中应有之义。需要指出的是，公平正义价值的实现并不排除人情，人情体现人性，根植于我国世俗社会的传统文化之中，人情中独立于实在法的正义体系是良法的渊源，而人性化的法治更易于与人情社会相沟通。[2]社会主义法治的公平正义必须在符合中国社会发展的整体和长远利益的基础上兼顾与依法治国并不必然对立的某些传统的、民族的价值和习俗。[3]从这个意义上说，刑法学教学也要探寻人情中的正义体系，于法理和人情中寻求符合中国国情的规则之治。

三、刑法学教学中的四个关系

刑法学属于社会科学，以人类世俗生活为研究对象，自启蒙

---

[1] 孙笑侠：《法学的本相——兼论法科教育转型》，载《中外法学》2008年第3期，第422页。

[2] 王城：《人情社会与现代法治秩序重构》，载《人民论坛》2014年第12期，第59页。

[3] 朱苏力：《社会主义法治理念与资本主义法治思想的比较》，载《中国检察官》2009年第1期，第73页。

时代以来形成的社会科学知识体系用概念、范畴、原则、方法构筑起一个又一个理论体系,这些理论体系一经形成便呈现出慵懒、傲慢的特征,与世俗生活渐生罅隙。当前的刑法学不仅在知识和世俗中来回穿梭,还在全球化中直面域外理论的冲击,更在一个知识生产方式不断变革的时代置身开放的社会科学的洪流,无处不在矛盾关系中。在培育人的教育阶段处理好这些关系,无疑会起到事半功倍的效果。

(一)知识教育与经验教育的关系

法学是一门应用学科,知识教育与经验教育在本科生培养中应当并重。目前我国法学本科教育以讲授知识为主,课程设置一般都遵循概念—法条—司法解释—案例这样的模式,即便在最能体现实践内容的案例环节,也并非真正意义上的案例练习,仅仅是被用来示范或者阐明、印证教师在课堂中讲授的知识点而已。[1] 对此很少有人提出异议。但笔者认为,这种模式无异于是在大学复制初等教育以知识—逻辑为主要内容的教学模式。初等教育的对象是未成年人,由于其认识能力、意志能力的局限性,靠自己并不能领会教材、提出疑问,只能由老师带领学生将教材内容在课堂上再讲一遍。但大学生的认识能力、学习能力已达到较高水平,通过发挥学习的主观能动性进行预习,完全可以在课堂外消化基本法理等大部分内容,而课题上宝贵的时间应该用于帮助学生构建知识体系、答疑、讨论以及诊断具体案例,用案例模拟锻炼实务经验,在讨论中反思、批判实务经验,从而养成法学思维、启发创新精神、引导并培养学生关怀社会放眼世界的格局,这才是大学法科教育的本质。

以《刑法》第232条故意杀人罪为例,这是刑法分则中需要学生重点掌握的罪名。关于故意杀人罪的基本法理内容,例如故意杀人罪的概念、构成要件、刑事责任量刑规定以及转化犯相关规定等,通过学生的预习自学完全可以掌握。而在课堂上,教师

---

〔1〕 雷秋玉:《本科法学教育模式的反思与择定——在现实主义和科学主义之间》,载《汉江学术》2018年第2期,第89页。

需要引导学生讨论下列问题：未出生的胎儿不能作为故意杀人罪的犯罪对象是否合理？故意杀人罪量刑幅度跨度过大是否合理？我国现阶段为什么不具备废除故意杀人罪死刑的条件？安乐死是否合理以及在我国是否具有实施的可能性？世界其他国家关于故意杀人罪是如何规定的？等等。我们还需要讨论大量特殊类型的故意杀人罪并分析其量刑规律，例如不作为故意杀人、杀害亲属、帮助自杀、被害人有过错的故意杀人、杀死"恶人"等。实际上，这些问题才是司法实践经验中的难题，这些问题处理是否得当将真正体现我国刑事法治水平。通过讨论和案例分析，使法学教育不再仅仅是知识的传授，而是渗透了对司法经验的预判与反思，养成法科生对公平正义的自觉的、实质性思考，从而在未来法律从业者的身上达到法学逻辑与经验的统一，这个过程同时也是淬炼思想、提升观念的过程。但目前我们的法学教育完全无视大学生的主观能动性，将学生自己能够完成的学习任务由教师越俎代庖，一旦将大量的基本法理内容在课堂上作应试教育的讲授，以刑法学总论每学期 64 节课时量来计算，课堂讨论和案例分析必将成为应试课堂的点缀而不是课堂的主体。这种重逻辑而轻经验的教学模式尽管使法科生掌握了基础知识，但忽略了对学生思维能力的培养，笔者认为这是我国法学教育水平长期在低水平徘徊的重要原因。刑法学基本法理具有一般性，而实践中的案件却各有各的特殊性，于特殊中体现正义才是法治的精神内核。对特殊性案件的处理不仅要靠扎实的理论功底，更重要的是靠法律职业者长期养成的对公平正义自觉的、实质性思考，而这种思考恰恰是我国法学教育中所缺少的。

（二）体系性思维与个案正义的关系

我国刑法学教学以形式逻辑思维为主，即运用概念、范畴体系性地认识法律，旨在维护法律适用的稳定性，避免非理性化、专横化和随意性。但是体系性思维也存在种种危险，例如它忽略了具体案件中的正义性、减少解决问题的可能性、不能在刑事政策上确认为合法的体系性引导以及过于偏好抽象的概念会忽视和歪曲法律材料的不同结构等。[1]刑法学教学仅仅倚重体系性思维的危害是显而易见的，它会导致法律适用者依赖于理论上的概念，机械地解释、适用法律，而并不去考虑个案的实质正义。[2]张明楷教授早在2006年就指出我们的法律共同体不善于解释法律，从而导致适用缺陷，[3]笔者认为这正是原因所在。

以危险驾驶罪为例，《刑法修正案（八）》实施后，涉嫌危险驾驶罪被起诉的案件数量迅速上升，办案机关普遍认为，只要达到醉酒标准驾驶机动车的，一律构成该罪。如此办案符合罪刑法定原则的形式要求，但在一些案件中却牺牲了实质合理性。例如被告人刚刚达到醉酒标准并无其他严重情节、车辆行驶的道路偏僻无人等，这些案件甚至成为学者批判危险驾驶罪立法的佐证。但显然这并不是立法的错误，而是机械适用法律的错误。实际上，只需要运用《刑法》第13条但书"情节显著轻微危害不大的，不认为是犯罪"的规定就可以解决所有问题。由于法律适用者长期缺乏对个案正义的考量，在定罪中无力对法条进行实质解释，从而在实践中造成了困扰，以至于最高司法机关不得不出台相关司法解释（见《最高人民法院关于常见犯罪的量刑指导意见（二）（试行）》）对该问题予以规定。法律的适用是解释法律的过程，在刑事司法过程中，法律解释的主体主要是法官，特别疑难的问题才由司法机关解释。但现实是，法官一旦遭遇个案需要除罪时便束手无策，学者所期盼的裁判规则的形成更如镜花水月，这与刑法学教育对实质正义缺乏追问具有直接关系。

刑法学教学必须秉承体系性思维和考量个案正义并重的理念，在我国当前的法治情势下，强调个案正义对于公平正义价值的实现更具实践意义。在我国刑法理论体系中，个案正义往往要

---

[1] [德]克劳斯·罗克辛：《德国刑法学总论（第1卷）：犯罪原理的基础构造》，王世洲译，法律出版社2005年版，第128~131页。

[2] [德]克劳斯·罗克辛：《刑事政策与刑法体系》，蔡桂生译，中国人民大学出版社2011年版，第7页。

[3] 张明楷：《刑法学研究中的十关系论》，载《政法论坛》2006年第3期，第4页。

在犯罪构成理论之外去寻求,例如社会危害性概念除罪机制、第13条但书、正当行为等,这是个案正义在教学中被忽略的重要原因。更深层次的原因是,个案正义的探寻需要向法之理性、法之价值等难题叩关,而这恰恰是我们最不擅长的。价值、理性缺失与个案正义缺失互为因果,恶性循环了多年,公平正义在个案中仍然犹如"普罗透斯的脸",变幻不定,难以捉摸。个案实质正义的重要性恰好印证了法学教育之于理性塑造、价值传递的重要性,同时也回答了一些学者的隐忧:建立在现代法之理性、法之价值之上的实质正义并不会削弱我国好不容易建立起来的现代法学理论体系的形式规则,我国法律裁判也不会重新陷入韦伯所说的"所罗门式的卡地审判"。[1]实质正义从来都是不能舍弃的标准,它要求法律适用者超越形式判断的束缚而自觉地追求个案正义,从而实现形式与实质的统一。

(三)域外学说与本土法制的关系

当前,我国刑法立法水平已位居世界前列,但遗憾的是刑法理论研究水平却始终处在较低水平,法学"幼稚"之名远播,[2]德日刑法理论受到众多学者追捧,甚至在刑法学教学中动辄全盘否定本土学说。笔者认为,这是极不足取的。

我国在西方的强势介入下被动接纳了其法律知识体系,这一方面说明旧文明内在深刻的危机,另一方面也面临着究竟是在"器物"层面还是在"道体"层面借鉴的问题。在继受之外,还需要考量本土固有制度的开掘与地方资源的匹配问题,相比于日本简单的继受而言,如此的借鉴更为艰辛。借鉴仅仅是实施手段而非目的,其目的在于如何看透一国法典背后的概念体系、思维方式、处理方法与规范逻辑等,说到底,就是一国在历史上所累

---

[1] 简惠美:《韦伯论中国——〈中国的宗教〉初探》,台湾大学出版中心1988年版,第90页。

[2] 苏力:《法治及其本土资源》,中国政法大学出版社2004年版,第1页。

积出的立法或司法智慧。[1]建国至今，我国刑法学早已经完成了对域外学说器物层面的引进，例如现代刑法体例、概念术语等；在一些人类共同价值的"道体"层面，我们也直接拿来，例如罪刑法定原则、责任原则等，同时立足于我国本土政治、经济基本面，使我国刑法立法和刑法理论研究在短时间内薄积厚发。[2]之后刑法学界便面临着冯象教授提出的"重新出发"的问题。[3]如何出发？显然靠盲目引进借鉴域外学说并不能奏效。

域外刑法学说（例如德日三阶层犯罪成立体系）有其生发的政治、经济以及思想人文的基础条件，其理论演变遵循着"形式—实质—两者结合、主客观分离—结合"的轨迹，而我国本土学说演变却遵循着"实质—形式—两者结合、主客观结合—分离—结合"的轨迹，其目的殊途同归，都是为着正义追求和生活安定，孰优孰劣素难断定。[4]相比于一味鼓吹域外学说，向学生阐明域外与本土学说各自生发的原因土壤以及各自局限性无疑更接近教育"探寻世界本源"的本质。任何将我国刑法理论"推翻重建"的观点都是不可取的。学习他人是必要的，但切不可在学习中迷失了自我，迷失了方向。[5]需要指出的是，我国时下对域外法律制度及法学理论的解读远未达至成熟，主要体现在未挖掘出域外法律制度背后的演进历史及内在逻辑、未提炼出深层次的学术理论和司法规律。[6]这既说明了盲目移植的荒谬，也为我国比较法教学、研究指明了方向。

（四）刑法与其他学科的关系

学科分化推动了科学研究的深刻化和精细化，但同时创造了

---

[1] 孙谦、卞建林、陈卫东：《刑事诉讼法典翻译：放眼世界、走向大国》，载《检察日报》2016年6月20日，第3版。

[2] 刘仁文：《再返弗莱堡》，载《法制日报》2017年12月27日，第9版。

[3] 冯象：《法学三十年：重新出发》，载《读书》2008年第9期，第20页。

[4] 陈璇：《定罪体系化视野下犯罪构成理论研究》，载《河北法学》2010年第10期，第130页。

[5] 高铭暄：《论四要件犯罪构成理论的合理性暨对中国刑法学体系的坚持》，载《中国法学》2009年第2期，第11页。

[6] 施鹏鹏：《十字架上的正义》，中国民主法制出版社2014年版，第210页。

认识上的另一种盲区，因为社会问题不会按某个单一学科的逻辑和意图呈现自己，人类社会出现的各种问题愈加呈现出复杂性、集合性、动态性的特征，任何一个学科系统都难以单独作出回应。[1]20 世纪 30 年代美国法学开启自我反思时期，现实主义法学运动的发展，使得人们开始以心理学、社会学以及新制度经济学等视角重新认识法的意义。[2]自 20 世纪 60 年代以来，法律学科自主性在美国逐渐走向衰落，法律与经济学、社会学、政治学、女权主义、种族理论等交叉学科研究（"Law-and"）蓬勃兴起。[3]尽管在这个过程中始终伴随着学者的怀疑与批判，[4]但越来越多的国家都认为学科交叉是学术的主流发展方向之一，是科学前沿的生长点，也是新发现的高产地，能促成多学科协同攻克复杂的综合性问题，满足国家和社会发展的现实需求。进入 21 世纪，我国刑法学界也试图从学科交叉中寻找刑法学理论研究新的增长点，除了储槐植教授提倡的"刑法一体化"，刑法与非法学学科的融合也在学术研究和法学教育领域有所斩获，诸多高校将发展交叉学科列为教学改革的重点项目。

目前与刑法学发生交叉的学科包括犯罪学、刑罚学、经济学、精神病学、医事法学、心理学、伦理学、环境科学、社会学等。在我国刑法学研究领域，除了与犯罪学、刑罚学等刑事大法学内的交叉研究成果颇具规模外，刑法与其他学科的交叉研究成果实在乏善可陈。原因主要是学科间的知识壁垒，这与美国不同。美国法学院只招收已取得政治学、历史学、经济学、文学等专业学士学位，或者学习数学等自然科学获得理学学士学位的大

---

[1] 刘剑文:《论领域法学：一种立足新兴交叉领域的法学研究范式》，载《政法论丛》2016 年第 5 期，第 3 页。

[2] 程浩:《耶鲁法学教育的近距离观察与体验》，载《法学》2006 年第 6 期，第 97 页。

[3] 沈明:《法律与文学：可能性及其限度》，载《中外法学》2006 年第 3 期，第 310 页。

[4] Robert Kramer, "Some Observations on Law and Interdisciplinary Research", *Duke Law Journal*, 1959（8）, p. 563.

学毕业生，这些法科生本身就具有其他专业的教育背景，美国法学交叉学科研究与教育比较发达也在情理之中。[1]而我国则不同，缺少系统的其他专业背景，学科交叉研究呈现出浅层次的特征，更多的是在方法论上的借鉴，研究成果的贫乏使得任何一个交叉学科都无法在法学院扎根下来成为成熟的常设课程，仅仅是学术力量较雄厚的法学院根据其研究成果，零星地开设经济刑法学、行政刑法学、国际刑法学、刑事执行学、犯罪心理学等课程。笔者认为，学术研究与教育息息相关，当前刑法交叉学科研究多由学术强国掌握，由研究带动教育，教育又促进研究，如此已形成良性循环。但在我国，良性循环远未形成，在现有的研究体量、质量下，针对本科生不宜开设过多的交叉学科课程，没有研究内涵的课程注定会流于形式，例如有的法学院系开设的经济刑法学、刑事执行学实际上只是在讲授刑法分则第三章以及刑罚论的内容，本质上还是刑法学的理论范畴，并没有体现交叉学科应有的体系性。因此，对于交叉学科的课程设置应当采取慎之又慎的态度，不能单纯为了追求学科建设布局而盲目设置。

四、结　语

从刑法正式进入法典化时代距今的40年间，我们一直都在忙于低头赶路，在最短的时间内完成了社会主义刑事法制的格局建设，但法治精神的形成和传承却被我们实实在在忽略了，这使得我们实施法律却没有拥有理性，制定法律却没有形成信仰。大学教育无疑是改变一切的突破口，它应超越职业教育承担着更为理想化的使命，这也是真正的教育追求精神世界完善的应有之义。对此有学者向我们描述了一个令人神往的场景："宣扬法律原理的希腊哲学先生、注释法律条文的罗马法律师傅与讲解法律方法的美国法官教授和一大群以法律事业为毕生追求、不汲汲于名利的睿智青年共同生活在一个名为'大学法学院'的圣堂，独

---

[1] 冯玉军：《论国外法学教育改革的经验与借鉴》，载《中国大学教育》2013年第6期，第92页。

立研究、自由批判、相互切磋、和而不同……。"[1]只有在不断叩问理性、价值、精神的法学教育图景中,法学教育才能体现对中国法治现实的深切关怀,最终指引国民通向法治之路。

---

[1] 廖奕:《大学之"大"与法科教育之"法"》,http://blog.sina.com.cn/s/blog_4adae4790102ww41.html,最后访问日期:2018年5月28日。

改革开放以来中国知识产权本科教育之嬗变*

◎张惠彬　吴运时**

摘　要：改革开放以来，我国知识产权制度获得了重生，知识产权本科高等教育迎来了高速发展时期。知识产权作为法学类的特设专业列入教育部《全国普通高等学校本科专业目录》。目前我国已有76所高校设有知识产权本科专业，32家知识产权研究机构。在知识产权院系遍地开花的同时，知识产权本科专业存在定位不明，名言不顺；多而不优，大而不强；学难致用，供需脱节等问题。未来中国知识产权本科教育要回归以法学为主，兼具管理学、经济学等基础知识的复合型人才定位。要坚持以市场为导向，进行课程改革，培养符合国家知识产权战略发展的应用型人才。要善用互联网的机

---

* 基金项目：重庆市教育科学"十二五规划"重点课题《推进"互联网＋"知识产权本科教学改革研究》（2015GX017）；重庆市高等教育教学改革研究项目《人才与产业耦合：创新驱动下知识产权人才培养模式研究》（163032）；西南政法大学校级教育教学研究项目《推动"互联网＋"知识产权本科课程改革研究》（2015C19）。

** 张惠彬，男，广东惠州人，西南政法大学法学博士，西南政法大学副教授。重庆知识产权保护协同创新中心研究员，剑桥大学访问学者。主要研究方向为知识产权。吴运时，男，广东湛江人，西南政法大学法学硕士，重庆知识产权保护协同创新中心研究员。主要研究方向为知识产权与法律史。

遇，开设知识产权本科专业的院校共建共享优质网络课程，跨越知识产权本科教育的文理分界。

关键词： 改革开放　知识产权本科　知识产权教育

一、引　言

40 年前，党的十一届三中全会拉开了我国改革开放的序幕，我国科学与教育事业的春天就此展开。"科学技术是第一生产力"是邓小平同志的经典论述，作为生产力的科学技术不是停滞不前的，而是需要不断创新。我国历届政府和领导人都相当重视创新的作用。[1] 作为对创新的激励，知识产权制度是创新原动力的基本保障。在市场经济背景下，与经济效益直接联系的知识产权作为智力成果于理于法都应该得到制度的尊重和保护。习近平同志在党的十九大报告中强调，倡导创新文化，强化知识产权创造、保护、运用。更为我国知识产权事业的未来提供了根本遵循和行动指南。改革开放 40 年来，我国知识产权制度不仅获得了重生，更是以惊人的速度追赶了西方国家一百年的脚步。究其根本，除了执政党的重视和引导外，离不开我国知识产权高等教育的发展。截至 2018 年 6 月，我国已有 76 所高校设有知识产权本科专业，32 家知识产权研究机构。这些高等教育机构为社会培养和输送了数量可观的知识产权人才。[2] 但是纵观目前，我国知识产权人才培养尤其是本科层次的知识产权人才培养还存在诸多问题，比如定位不明、多而不优、学难致用等。这些问题的解决对建设创新型国家、推动我国科技进步与经济发展具有深刻的意义。

---

[1] 邓小平同志曾经说过，"必须发展我们自己的创造，必须坚持独立自主、自力更生的方针。"江泽民同志在 1995 年全国科学技术大会上提出，"创新是一个民族进步的灵魂，是国家兴旺发达的不竭动力。"胡锦涛同志在 2006 年全国科学技术大会上首次提出建设创新型国家。2017 年 10 月 18 日，习近平同志在十九大报告中指出，加快建设创新型国家。要瞄准世界科技前沿，强化基础研究，实现前瞻性基础研究、引领性原创成果重大突破。

[2] 根据国家知识产权局发布的《知识产权人才"十三五"规划》，目前全国知识产权专业人才队伍 15 万余人，知识产权从业人员超过 50 万人，基本形成了梯次合理、门类齐全的知识产权人才队伍体系。

二、改革开放与知识产权教育的兴起

(一) 知识产权制度的重生

我国知识产权制度开端于清末修律的特殊时期。在西方列强的逼迫下,清政府先后发布了一系列有关专利、商标、版权的法律法规。[1]由于清王朝的坍圮,这些法律法规并没来得及实施,相关人才的培养更无从谈起。新中国成立后,我国颁布了一系列知识产权方面的行政法规。[2]但是这些法律法规却有着明显的计划经济体制的烙印,与现代市场经济体系缺乏协调性。因此,在新中国成立后至改革开放前一段时期,我国并未出台一部符合现代知识产权理念和制度的单行法律。[3]伴随着改革开放政策的实行,我国知识产权制度得以重生。全球贸易市场上,我国领导人意识到遵守国际知识产权规则的必要性。[4]为顺应国际潮流,我国在1979年与美国签订了《中美科技合作协定》和《中美贸易协定》,这两个条约规定了我国对知识产权实行保护的义务。在借鉴国际条约和发达国家立法的基础上,我国相继制定了《商标法》《专利法》《著作权法》《反不正当竞争法》等一系列法律法规,[5]组建了国家知识产权局、商标局、版权局等知识产权行政

---

[1] 如《振兴工艺给奖章程》、《商标注册试办章程》和《大清著作权律》等。

[2] 新中国成立初期,我国颁布的关于知识产权的行政法规如1950年《商标注册暂行条例》、《商标注册暂行条例施行细则》、《保障发明权与专利权暂行条例》和《书稿报酬暂行办法草案》;1954年《有关生产的发明、技术改造及合理化建议奖励暂行条例》;1963年《发明奖励条例》《商标管理条例》。

[3] 齐爱民、盘佳:《新中国成立后知识产权专业发展沿革与展望》,载《西南民族大学学报(人文社会科学版)》2015年第1期,第99页。

[4] 邓小平同志于1992年南巡深圳视察先科激光公司时,对于光盘的版权问题曾说过,"要遵守国际有关知识产权的规定"。参见童怀平、李成关:《邓小平八次南巡纪实》,解放军文艺出版社2005年版,第223页。

[5] 如1982年《商标法》获得通过并颁布,1984年《专利法》颁布。1991年,《著作权法》历经曲折后,也得以颁行。我国《商标法》主要内容是对商标进行保护和管理;《专利法》的主要内容是保护发明、实用新型和外观设计相关权利;《著作权》主要内容是保护文学、艺术和科学作品作者的著作权,以及与著作权有关的权益;1993年《反不正当竞争法》针对市场经济中的不正当竞争行为对经营者实务技术权益和依托商业标记而存在的商业信誉带来的损害进行了规制,这是该法与知识产权相关的内容。

管理部门,设立了专门的知识产权审判庭和法院。特别是《国家知识产权战略纲要》实施以来[1],我国知识产权事业突飞猛进。2017年,我国发明专利申请量为138.2万件,连续8年居世界首位;我国商标累计注册1237万件,连续16年居世界首位。与此同时,我国人民法院新收各类知识产权一审案件从2013年的100 800件持续上升到2017年的213 480件。[2]

(二)知识产权教育的兴起

作为一门为知识产权制度服务的学科,知识产权教育的发展是与知识产权制度的发展相始终的。[3]20世纪80年代初,我国知识产权教育还没有走上制度化的轨道,很多时候是为了完成相关立法和培养师资而由相关部门组织人员进行短期的培训。[4]后来,随着国家的重视,[5]知识产权教育迅速发展。时至今日,我国知识产权教育呈现出一派蓬勃发展、欣欣向荣的局面。

三、中国知识产权本科教育的现状

(一)知识产权教育机构情况

目前,我国已有76所高校设有知识产权本科专业,32家知识产权研究机构。根据有关学者的统计,以院校主要专业性质,按照

---

[1] 2006年5月26日,胡锦涛总书记在中央政治局第三十一次集体学习时提出,"要加强知识产权专门人才的培养,特别是要加大知识产权高层次人才培养的力度。"2008年6月5日,国务院颁布了《国家知识产权战略纲要》,正式将知识产权战略与科教兴国战略、人才强国战略并列为我国的三大国家战略。

[2] 《最高法:2017年全国法院新收各类知识产权一审案件突破20万件》,2018年3月18日。http: //news.cctv.com/2018/02/28/ARTI6AkwOeUusLY246TX4eX0180228.shtml.

[3] 张惠彬:《商标权属于人权?——从欧洲人权法院判例谈起?》,载《广州大学学报(社会科学版)》2016年第1期,第24~31页。

[4] 参见陈美章:《改革开放改变了我的人生轨迹——亲历知识产权教育的美好回忆》,载《知识产权》2008年第6期。

[5] 如2004年教育部联合国家知识产权局共同发文《关于进一步加强高等学校知识产权工作的若干意见》,鼓励有条件的高校设立知识产权法学或知识产权管理学相关硕士点、博士点。2008年,中国政府制定并发布《国家知识产权战略纲要》;2012年,党的十八大提出"创新驱动发展战略";2017年2月,国家颁布《知识产权人才"十三五"规划》;十九大报告提出"强化知识产权创造、保护、运用"等一系列行动和精神都强有力地助推了我国知识产权教育的发展。

表1　知识产权本科教育大事记

时间	事件
1986年	知识产权法被原国家教委列为第二学士学位的法学本科专业
1987年	中国人民大学率先开设第二学位"知识产权法专业"
1987年	《普通高等学校社会科学本科专业目录》发布，法学类专业项下增设"知识产权法专业"，知识产权法亦正式成为本科专业
1992年	上海大学开设"知识产权"专业，隶属于法学本科与管理学本科专业
1993年	北京大学成立首家知识产权学院，招收知识产权双学士学位
2004年	华东政法大学知识产权学院开始招收知识产权专业本科生，是为教育部批准的全国第一家知识产权本科专业
2012年	知识产权专业被正式作为法学类的特设本科专业列入《全国高等学校本科专业目录》（专业代码：030102T）

文科、理工科、综合性的分法，76所开设知识产权本科专业的院校如下表。

表2　开设知识产权本科专业学校

文科院校（15所）	理工科院校（23所）	综合性院校（38所）
华东政法大学、浙江工商大学、内蒙古财经学院、山东政法学院、河南财经政法大学、西南政法大学、辽宁对外经贸学院、哈尔滨金融学院、上海政法学院、甘肃政法学院、山东女子学院、北京电影学院、郑州成功财经学院、重庆工商大学、兰州商学院	华南理工大学、重庆理工大学、中国计量大学、浙江工业大学、福建工程学院、重庆邮电大学、大连理工大学、北京科技大学天津学院、安阳工学院、桂林电子科技大学、重庆交通大学、西南科技大学、兰州理工大学、天津科技大学、沈阳工业大学、青岛农业大学、河南科技大学、中原工学院、景德镇陶瓷大学、北方工业大学、昆明理工大学津桥学院、南京工业大学、厦门理工学院	暨南大学、杭州师范大学、南昌大学、烟台大学、广西民族大学、中南民族大学、兰州大学、保定学院、石家庄学院、苏州大学、安徽大学、铜陵学院、淮北师范大学、宜春学院、河南师范大学、武汉东湖学院、湘潭大学、湖南师范大学、新疆大学、华中师范大学、池州学院、聊城大学、河南师范大学新联学院、衡阳师范学院、广州大学松田学院、宜宾学院、泰州学院、重庆大学、大庆师范学院、上海大学、淮阴师范学院、三江学院、嘉兴学院、安庆师范大学、九江学院、郑州大学、西华大学、四川文理学院

（二）知识产权课程开设情况

目前，各高校的知识产权本科专业都开设了法学和知识产权基础理论课程。[1]除此之外，很多院校依托自身的专业优势开设了别具特色的课程。这在理工科院校与综合性院校中比较明显。如兰州理工大学法学院知识产权本科专业开设了高等数学、计算机技术基础、大学物理、生物工程概论、工程制图基础、机械设计基础；西南科技大学法学院开设了图形创意、工程制图；重庆理工大学知识产权专业就围绕"依托理工、法管融合"的专业特色，为其本科生开设了高数、工程制图、机械工程材料、机械设计基础等理工类课程；重庆邮电大学依托通讯技术方面的专业优势，致力于培养具有法律专业知识和知识产权学科知识、熟悉信息通信技术，能在电信、移动、联通等通信企业、网络服务企业、影视公司、软件公司就业的人才。[2]因此，其知识产权本科专业的培养方案中就设置了数字版权管理、网络技术应用、现代通信技术等课程。湘潭大学知识产权本科专业则开设有 C 语言程序设计、大学物理课程。

缺少理工专业支撑的文科院校则侧重于开设金融会计、企业管理与外语方面的特色课程。比如，兰州财经大学知识产权本科特色课程有西方经济学、管理学原理、无形资产评估等；内蒙古财经学院开设有品牌营销学等。纵观当前知识产权专业的培养方案，国内知识产权本科教育主要是以法学基础课程为主，实务型、应用型课程较少。仅设有独立知识产权学院的几所高校设置了《知识产权案例分析》《专利审判实务》等少数课程，开设的

---

〔1〕 基础理论型课程包括面向法学类学生开设的"专利""商标""著作权""商业秘密"等四大板块的课程。参见钱江：《比较视野下的中美知识产权教育》，载《消费导刊》2010 年第 7 期。

〔2〕 分别参见《兰州理工大学法学院知识产权本科人才培养方案》《重庆理工大学/重庆知识产权学院知识产权本科人才培养方案》《重庆邮电大学网络空间安全与信息法学院知识产权本科人才培养方案》。

课程也多为案例分析课。[1]

（三）知识产权学生就业情况

知识产权事业在我国方兴未艾，我国知识产权专业毕业生就业也处在黄金时期。根据2016年《全国知识产权人才需求分析报告》，可以得知以下情况：

第一，知识产权人才的需求量还相当大。2016年10月全国共有6698家企业招聘12 331个知识产权职位，平均每家企业招聘1.8个职位。其次，在这些招聘企业中，人员数量上单次需求量多数仅需1人，说明行业发展空间比较大。

第二，越是经济发达的地区，知识产权人才的需求量越大。2016年10月，北京、广东、上海三地领跑，发布招聘需求的企业数量合计占比约52%，其中北京地区发布招聘需求的企业数量最多，所占比率高达21%；江苏、浙江、四川等省需求量紧跟其后。这说明当前，经济发达的北上广地区需要大量的知识产权专业人才，自不待说。而且，将来后发展的中西部地区也是知识产权人才的潜在市场。

第三，在企业对知识产权岗位的专业要求中，不限专业的职位占比高达85%；有明确专业要求的企业中，法律专业排首位，占比为8.26%，但整体占有率并不高；指定要求知识产权专业的职位最少，仅7个，占比0.06%；理工科专业背景进入知识产权行业没有专业限制。这说明了当下知识产权专业人才的巨大缺口，但这组数据同时也传递出令人担忧的信息。知识产权岗位对人才的专业没有太大的限制，也从侧面说明了各个院校培养出来的知识产权专业人才并不完全符合企业的"胃口"，才导致了企业"不拘一格选人才"。

四、中国知识产权本科教育的困境

（一）定位不明，名言不顺

目前，知识产权专业是隶属于法学一级学科下的特设本科专

---

[1] 姜春林、张立伟、孙军卫：《中外高校知识产权课程设置比较及启示》，载《黑龙江教育》2013年第11期，第37页。

业,已被列入《全国普通高等学校本科专业目录》。这使得知识产权本科专业摆脱了"无名无分"的困境,不能不说是一个可喜的进步。但是,这并不能完全使知识产权本科专业从本质上摆脱"名义"上的困境。在实践中,该专业仍缺乏"归属感",姓"法"还是姓"商"始终是一个令人费解的问题。教育部既然将"知识产权"作为法学一级学科下属的特设专业,那么国家层面的意思就是坚持知识产权专业姓"法"的,管理学、经济学与自然科学虽然对知识产权人才来说不可或缺且多多益善,但终究是处于辅助性地位。可是,很多高校不能很好地贯彻教育部这一宗旨,无论从专业的归属划分或者是培养目标上,各行其道者并不少见。以某工商大学的培养方案为例。其通过知识产权与工商管理专业的结合,培养既懂知识产权,又懂工商管理的复合型人才并无可非议。但是它的课程设置很可能会导致学生对知识产权作为法学专业认识不清,呈现出工商管理偏重的态势。此外,知识产权专业的定位不明也给毕业生报考公务员带来了一定阻碍。我国现行法律并没有要求各省公务员考试专业目录一定要与教育部所发布的专业目录一致。根据2012年版《全国普通高等学校本科专业目录》,知识产权专业代码为"030102T",而以《广东省考试录用公务员专业目录(2016年版)》为例,知识产权专业代码又为"B030103"。专业代码不一致,往往会导致考生报考公务员时因资格审查不能通过而被拒绝的后果。

(二)多而不优,大而不强

在市场需求与国家政策的推动下,我国知识产权本科教育蓬勃发展。2012年,知识产权专业被编入《全国普通高等学校本科专业目录》的背景催生了多所高校为了"特色"而设立知识产权本科专业。截至今日,已有76所高校开设了知识产权本科专业。所谓"院系建设遍地开花,培训基地雨后春芽,人才培养前赴后继,知识产权千军万马"。仔细翻查这些学校的情况,就会发现"虚胖"的现象很严重,多而不优的问题很突出。首先,设置知识产权本科专业的高校实力参差不齐。在上述76所高校中,综合实力强、学术积淀深厚的综合性大学和传统政法院校为数并不多。很多高校是本身缺乏法学专业积累的二本、三本院校。其次，76所高校中知识产权专业师资力量极不平衡，实力雄厚、基础好的院校，其知识产权教师大多为知识产权专业出身，并且大多具有博士学位。而诸多二本、三本院校的知识产权专业老师是由大法学（包括马克思主义、思政）或者其他学科教师兼任。再者，就地域分布来看，东西部分布不均的状况很明显。76所院校中，东部沿海地区占了29所，中部地区占了27所。西部地区主要集中在重庆、四川、甘肃三省市（其中重庆6所，甘肃4所，四川4所），诸多省份如青海、西藏、宁夏等经济欠发达地区没有一所高校设有知识产权本科专业。知识产权本科专业设置的初衷是为适应社会经济的发展，为国家创新驱动提供人才支援。之所以导致知识产权本科教育"多而不优，大而不强"的困境，一个重要的原因就是很多高校过分追求"特色"专业，而没有重视基础的软件和硬件建设。特别是其中有一部分原来没有法学专业或者法学专业基础欠厚实的高校，意图借道知识产权法学本科人才培养，来实现提升其法学专业发展的目的。

（三）学难致用，供需脱节

知识产权专业呼唤复合型人才，不仅要有基本的法学基础，还要懂得经济学、管理学、工学等多学科常识。大部分开设知识产权本科专业的高校都意识到了这个问题，并且为解决该问题做出了努力。可是，纵观全局，很多高校开出来的药方效果并不明显。知识产权本科毕业生"学难致用，供需脱节"的问题依然严重。大连理工大学知识产权学院院长陶鑫良教授坦言：我国大学培养出来的知识产权专业人才，企业往往用不上；而企业需要的知识产权人才，高校又未能对口培养出来。我国高校在学校培养出来的知识产权人才，普遍存在着"偏重法律轻经营，偏重理论轻应用，偏重概念轻实务，偏重模板轻特色"的现象。[1]这就产

---

〔1〕《对话IP人丨陶鑫良：法学人才要"瘦身减肥"，管理人才要"强身体"》，2018年3月15日，http://www.sohu.com/a/222243022_221481.

生了一个非常矛盾的现象，一方面，社会需要大量的知识产权专业人才，但另一方面，高等院校培养出来的很多知识产权毕业生并不从事知识产权工作。[1]

五、中国知识产权本科教育的变革

（一）定位明确，培养知识产权人才

中国知识产权法学研究会会长刘春田教授认为，知识产权法制的运作，一直处于民法的阳光普照之下。离开民法的制度观照与理论滋养，知识产权的实践寸步难行。[2]因此，学生必须在学好法学课程的基础上才能涉足其他的学科知识。《知识产权人才"十三五"规划》提出，"推动建立符合实际需要的知识产权学历教育和继续教育体系。推动知识产权相关学科专业建设，支持高等学校在管理学和经济学等学科中增设知识产权专业，支持理工类高校设置知识产权专业。"这样的表述还是建立在"以法学为主，以其他学科为辅"的知识产权人才培养基础上的。因此，针对当下知识产权本科教育存在的"定位不明，名言不顺"的问题，首先要为知识产权本科专业"正名"，让其真正回归法学本位，与国家政策文件保持一致性。在课程的设置上，应当坚持法学核心课程的主干地位。一味为了突出知识产权本科专业的"特色课程"，而刻意压缩法学核心课程是舍本逐末的不明智之举。

其次，针对上文所提及的部分省市公务员招考中知识产权专业代码与教育部做法不一致的弊端，公务员招录管理部门应当整合教育部有关高校专业的目录规定，制定出适用于全国的《国家公务员考试录用专业（学科）指导目录》。[3]由于社会经济的不断发展，各高校所设置的专业经常发生变动，因此教育部的专业

---

〔1〕 李芬莲：《知识产权教育之探索》，载《电子知识产权》2007年第10期，第1页。
〔2〕 刘春田主编：《知识产权法》，高等教育出版社2010年版，第24页。
〔3〕 邢占军、曹东卿：《公务员考录资格审查的梳理与思考》，载《行政论坛》2013年第4期，第52页。

目录也需要定期修订。此外,还应当建立公务员招录组织部门与高校、教育部之间的长期联动机制,使三方都能及时知晓彼此的专业名称与目录变动情况,才不至于在出现问题之后才会同商讨解决方案。

(二)课程改革,以市场为导向

梁启超先生曾经说过,"纯理必借应用而始圆满,应用必以纯理为其基据"。[1]基础理论的学习很重要,它是开展实务的支撑。但是,过分重视理论而轻视实务能力的培养,就会在理论与实践之间形成难以逾越的鸿沟。针对"学难致用"的困境,一个重要的原因就是课程设置不合理。很多高校知识产权本科人才培养方案都明言要培养适应市场需求的跨学科人才,但只是作为选修课象征性地设置了这一类课程,学生完全可以不选。即使有的高校将经济学、管理学以及工学之类的课程比重加大,以及作为必修课,也没有一个统一的课程标准。高校的"随心所欲"导致了学生知识体系的"营养不良"。学生学了很多知识产权"实践课程",但是实践能力并没有得到有效提升。[2]《知识产权人才"十三五"规划》也提出,"推动建立产学研联合培养知识产权人才模式,加强知识产权继续教育和培训工作,提高培训的科学性、系统性、针对性和实效性。"因此,加快推进知识产权本科专业课程改革,培养应用型知识产权人才刻不容缓。知识产权本科专业的课程中应当加大实务课程的比重,比如可以邀请具有实务经验的知识产权工作者到课堂上给学生教授具体的案例、操作流程。有条件的院校还可以将课堂转移到知识产权实务现场,比如带领学生到企业、专利代理机构等场所切身感受在学校所学的知识是如何在实践中运作等。

---

[1] 梁启超:《先秦政治思想史》,商务印书馆2014年版,第12页。
[2] 在知识产权领域,主要有三方面的实践:其一,知识产权的申请和注册;其二,知识产权的诉讼;其三,知识产权的交易。高校知识产权专业实践课程有关介绍参见王珍愚、单晓光:《略论中国大学知识产权教育的发展与完善》,载《法学评论》2009年第4期,第121页。

(三) 教学改革，善用网络手段

如今是一个互联网迅速发展的时代。互联网成了我们生活中离不开的工具，也成了经济社会发展强有力的助推器。在这样的背景下，"互联网＋"概念应运而生。[1] "互联网＋"，指的是利用现代互联网技术与传统产业进行深度交融，让互联网技术渗透到生活各个方面。而"互联网＋教育"就是互联网技术手段在教育中的应用，以使教育教学成果更有效、优质资源配置更均衡。[2] "互联网＋教育"打破了权威对课堂教学的垄断，也让知识产权本科教育从封闭走向开放。知识产权本科教育应当抓住这个契机，善于利用互联网推进教学方式改革。首先，可以利用远程教学推进文理学校之间知识产权专业特色教学资源共享，实现优势互补。如开设知识产权本科专业的院校共建共享优质网络课程，这样，文科学校的知识产权专业学生就可以听到理工科学校的特色课程。反之亦然。其次，可以通过网络引入知识产权实务教学，如观看庭审直播，开展远程讲座等。最后，学生在课后可以通过互联网增进与教师的交流。以高校在线课堂管理平台课堂派为例，通过课堂派的"私信"功能，学生可以直接跟老师或同学联系。[3]

---

[1] "互联网＋"这一概念由易观国际董事长兼首席执行官于扬在第五届移动互联网博览会上首次提出。在2015年全国"两会"上，马化腾提交了一份《关于以"互联网＋"为驱动，推进我国经济社会创新发展的建议》的议案，呼吁把"互联网＋"提升为国家战略。同年3月，李克强总理在第十二届全国人大第三次会议上作政府工作报告时首次提出"互联网＋"行动计划。

[2] 王磊、周冀：《无边界：互联网＋教育》，中信出版社2015年版，第3~4页。

[3] 孙亚志：《在线课堂管理工具在高校教学中的应用——以课堂派为例》，载《黑龙江科学》2017年第13期，第43页。

课堂与教学

Curriculum and Teaching

基于MOOC与翻转课堂理念的跨学科研究生教学模式探索
——以"中国社会与法治"课程为示例　何珊君
《中国法制史》课程定位及其教学思路探索　郑颖慧

基于 MOOC 与翻转课堂理念的跨学科研究生教学模式探索

——以"中国社会与法治"课程为示例[*]

◎何珊君[**]

摘　要：通过对 MOOC 与翻转课堂理念的起源、发展历史与相关研究的文献介绍和大学传统教学模式的相关研究的文献资料的介绍与阐述，了解高等学校教学模式诞生与发展的过去与今天，主要包括"三个中心"主义与"新三个中心"主义及新时代教学模式的创新改革的必然性与要求。在上述基础上，本人以中国社会与法治的课程设计为依托，从学生配置或学生结构、教学内容、教学形式与课业评价方式四个环节，设计出一个跨学科研究生的教学模式，并进行全面的阐析，从而探索基于 MOOC 与翻转课堂理念基础上的跨学科研究生教学新模式，为今后跨学科研究生教学模式的实践与新时期跨学科教学模式的改革创新探幽发微。

关键词：MOOC　翻转课堂　跨学科教学模式　中国社会与法治课程

---

[*] 本文为中国政法大学 2017 年度研究生教改项目"跨学科研究生教学模式探索"的结项论文。

[**] 何珊君，女，社会学博士，中国政法大学副教授，哈佛大学亚洲中心访问学者。

一、研究问题及其理论与实践意义

21 世纪以来,由于科学技术与互联网的迅猛发展,人们开始借助于互联网来学习知识和了解信息,伴随着人们对于获取最新知识需求的日益增长,一种新型的网上教学模式——MOOC——应运而生。MOOC 是 Massive Open Online Course(大规模在线开放课程)的简写,在国内又被称为"慕课"。它起始于"2007 年美国犹他州立大学 David Wiley 教授,他基于 Wiki 创建了一门网络开放课程 Intro to Open Education(INST 7150)"。[1]2008 年,加拿大 Dave Cormier 和 Bryan Alexander 提出了 MOOC 这一术语。[2]随后,"加拿大学者 George Siemens 和 Stephen Downes 应用 MOOC 概念设计了第一门真正意义上的 MOOC 课程:Connectivism and Connective Knowledge Online Course(CCK08)。"[3]接下来的数年中,斯坦福大学、麻省理工学院、哈佛大学、普林斯顿大学、密歇根大学、宾夕法尼亚大学、华盛顿大学等外国高校纷纷发布 MOOC 课程。[4]2012 年,被《纽约时报》称为慕课元年。2013 年 4 月,香港科技大学教授 Naubahar Sharif 在 Coursera 平台上开设了"中国的科学、科技与社会"课程,这是亚洲第一门 MOOC 课程。随后,北京大学、清华大学、上海交通大学、复旦大学等

---

[1] 李青、王涛:《MOOC:一种基于连通主义的巨型开放课程模式》,载《中国远程教育》2012 年第 3 期,第 30~36 页。

[2] McAuley, A., Stewart, B., Siemens, G., and Cormier, D., "The MOOC Model for Digital Practice", University of Prince Edward Island, Social Sciences and Humanities Research Council's Knowledge Synthesis Grants on the Digital Economy (2010).

[3] 曾明星、周清平等:《基于 MOOC 的翻转课堂教学模式研究》,载《中国电化教育》2015 年第 4 期,第 102~108 页。

[4] 斯坦福大学的 Andrew Ng 教授试探性地将 Machine Learning 课程免费发布到网上,超过 10 万名来自世界各地的学生注册了这门课程。2012 年 2 月,斯坦福大学计算机教授 Sebastian Thrun 与其同事 David Stavens 和 Mike Sokolsky 共同创办了 MOOC 盈利性组织 Udacity。2012 年 4 月,斯坦福大学教授 Daphne Koller 和 Andrew Ng 共同创办了 MOOC 盈利性机构 Coursera。2012 年 5 月,哈佛大学和麻省理工学院联合投资创建了非盈利性组织 edX。Coursera、Udacity 和 edX 因此成为美国三个典型的 MOOC 平台,统称为 MOOC 三巨头。

众多国内知名高校纷纷加入 MOOC 行列,我国内地也迎来了 MOOC 教学的新潮。MOOC 之所以广受欢迎,原因是其背后隐含的"翻转课堂"的教学理念契合了人们在新时代的学习需求。所谓翻转课堂,是指利用互联网等信息工具与技术,教师在正式上课前,将要学习的相关知识与资料事先发送给学生,或者将 MOOC 视频提前传到云端,由学生们自主登入平台进行预先学习,提出自己的问题与疑惑;由老师在课堂上与学生们一起讨论,有针对地进行答疑,引导学生理解新知识,开展针对性、个性化教学,从而保证每个学生都可以学到新知识。同时,培养学生主动学习与思考的能力。它是"相对于传统的课堂上以教师的知识讲授为主、课后以学生完成作业为主的教学形式而言的"。[1]也就是说,这一教学方式与理念,是"把课堂还给了学生,学生可以自由决定学习的内容与学习的方式。它既不是加入了视频资源的传统课堂也不是完完全全的在线教学,它颠倒了课堂秩序的同时也颠覆了教学形式"。[2]在传统的教学模式中,课堂教学存在的问题主要是:老师在课堂上以讲述的方式将新知识传授给学生,学生则边听边记录下老师的讲课内容。然而,纵使每个学生记笔记的速度一样,由于学生自身的知识储备与领悟力的差异,最终在知识的掌握程度与学习效果方面通常是差距悬殊。佐藤学教授在分析日本课堂教学的现状时,也认为存在与中国类似的问题:一是课堂未能实现学生的学习权;二是单靠教师来实现课堂教学改革,而没有把课堂创建为学习型的共同体。[3]为了更好地解决这一现实问题,基于 MOOC 形式的翻转课堂应运而生。它的出现,一改千百年来教师在课堂上向学生传授知识、学生被动接受的教学模式,成为高等学校教学改革的关注重点。纵览众多学

---

〔1〕 田爱丽:《转变教学模式促进拔尖创新人才培养——基于"慕课学习+翻转课堂"的理性思考》,载《教育研究》2016 年第 10 期,第 106~112 页。

〔2〕 蔡宝来、张诗雅、杨伊:《慕课与翻转课堂:概念、基本特征及设计策略》,载《教育研究》2015 年第 11 期,第 82~90 页。

〔3〕 佐藤学:《学校的挑战:创建学习共同体》,华东师范大学出版社 2013 年版,第 45 页。

者发表的论文，我们可以发现他们大多聚焦于教学模式、授课方式和授课工具的运用等方面的探索，虽然他们在教学模式的创新方面提供了不少有益的经验。而鲜有人关注这种基于 MOOC 与翻转课堂理念基础上的跨学科教学模式研究与高等学校跨学科人才培养模式的探索，而这正好成了本研究的探索重点与研究问题。

本研究是以"中国社会与法治"的跨学科公开课程为依托，主要运用质性研究方法进行研究，包括：①文献分析法。在投入实践教学之前，对关于教学改革和学生学习机制的文献进行查找阅读。在学习借鉴前人有关研究生教学改革经验的基础上，借助开设的"中国社会与法治"课程，将社会学与法学两个二级学科结合在一起，设计出以 MOOC 为依托的可行的跨学科教学模式，并在实践中具体运用参与观察法与访谈法进行教学效果评估；②参与观察法。该研究主要借助于为期 36 或 48 课时的"中国社会与法治"课程，通过参与观察课上学生们的讨论与表现，记录他们随着课程的推进，对我国社会现状、特征与主要问题的看法的变化，从而考察这种翻转课堂教学的跨学科教学模式的实际效果；③访谈法。随着课程的推进，选取在课上表现变化明显的学生进行重点访谈，了解他们对这种教学模式的态度，听取他们的意见，根据他们的建议进一步调整相应的教学设计，从而更好地实现该课程设立的初衷，提升学生们的问题意识及思考能力。由于这门课程的开设尚未得到学校的批准，所以，现在的研究方法主要是以文献综述与教学模式的设计为主，待正式开课以后再进行实践探索。因此，这种基于 MOOC 与翻转课堂理念基础上的跨法学与社会学学科教学模式的研究便具有理论与教学实践上的双重意义：一是完善跨学科教学的理论体系，推进我国研究生教学模式改革的研究进程，这种研究的实质是对传统教学模式在新世纪进行创新改革的探索；二是针对当前有志于从事法治事业的青年，培养他们在社会与法律的综合视角下的问题意识，让他们成为法律与社会学兼修、德学兼备的社会主义合格建设者和接班人，探索出一种基于 MOOC 与翻转课堂理念基础上的跨法学与社会学的新型研究生教学模式，为新时期培养跨学科综合型人才摸索有效的方案。

二、文献综述

以班级授课制为组织形式的课堂教学，是工业化背景下发展起来的一种传统教学模式。其背后的教学理念起源于夸美纽斯，之后经现代教育之父赫尔巴特进一步发展并使其日趋完善成熟。赫尔巴特第一次将心理学与教学结合在一起，为教育学确定了心理学基础，提出了教学过程的四阶段理论，即明了、联想、系统和方法。所谓明了，是指教师在这一阶段运用直观的教具和讲解，将新的知识或者问题呈现给学生，对学生进行明确的提示，以此来引导学生获取新的知识，引发新的思考；联想是指教育者在这一阶段运用回顾复习的讲授法，帮助学生进一步思考上一阶段所学的知识，让学生将这些知识与自身已有的知识经验联系起来，将新的知识内化；系统指的是教师运用综合的方法，带领学生将自己所学的知识与之前已经掌握的知识经验结合起来，从而形成对事物的完整的新概念与新知识；最后一个阶段是方法，即在这一阶段，教师应该带领学生运用其所学去分析解决一些问题，做到活学活用，学生可以熟练地运用所学的知识技能。[1]与此同时，赫尔巴特提出了著名的"三个中心"主义，即以教师为中心、以课堂为中心和以教材为中心。以教师为中心旨在强调教师在教学过程中的主导作用；以课堂为中心则重点强调课堂这一教学场域的重要性，所有的教学活动均应在课堂上进行；而以教材为中心则强调所有的教学内容要围绕着教材展开，教材是教学内容的主要载体。传统的课堂教学紧紧围绕着"四阶段"与"三个中心"展开，形成了同一性的课堂教学模式，为当时工业化的发展培养了一批又一批的标准化人才。

随着时代的发展，以"三个中心"主义为理论基础的传统课

---

〔1〕参见续润华：《外国教育史导论》，黑龙江人民出版社2016年版，第128页。

堂教学模式难以适应新时代的个性化人才需求，在杜威等人的推动下它取得了第一次突破。杜威作为赫尔巴特的学生，在原来的基础上进一步发展了赫尔巴特的"三个中心"主义，形成了"新三个中心"主义，即以儿童为中心、以经验为中心和以活动为中心。他将教学的主要关注点放在了学生的学习兴趣上，强调在教与学的互动中，要将以教师为中心转化为以学生为中心，重点关注学生的学习兴趣，淡化了权威意识的教师观；将刻板的课堂教学转化为灵活的经验教学，不再拘泥于形式，强调要通过实践活动进一步帮助学生将他们的所学内化到骨血里，从而得以活学活用，切实解决实际问题。"新三个中心"主义重新定义了教与学之间的关系，突出了"为学而教"的教学理念，在这一理念的指导之下，杜威首创设计教学法，也称为单元教学法。后在其学生克伯屈的改进并推广下闻名全球。"设计教学法废除传统的班级授课制，摒弃教科书，不受学科限制，由学生根据兴趣确定学习内容，在自己设计、自己负责的单元活动中获得有关知识和解决实际问题的能力"。[1]当然，这种"新三个中心"主义主要还是针对小学、中学的早期基础教育，但它所倡导的以培养学生兴趣，锻炼学生解决问题的能力为教学重点的教学理念取代以教师、教材与课堂为中心的传统教学理念，同样成为高等教育的重要理念，尤其在培养基础教育以外的职业教育的大学类中成为一种趋势。

自此以后，各国高校都将"突破教学改革的现状，切实创建高效课堂"当作教学改革的重点，在这种世界大趋势下，我国也同样以提升学生的综合素质，培养创新性人才作为目前教学改革的突破口，但涉足高校跨学科人才培养模式的研究甚少，尤其基于 MOOC 与翻转课堂理念的跨学科人才培养模式的探索几为空白，这也是本研究的由来。但即使如此，除了前述的国际社会的研究成果值得借鉴以外，许多国内学者在相近方面的研究也使得

---

[1] 王鉴：《论翻转课堂的本质》，载《高等教育研究》2016 年第 8 期，第 53~59 页。

本人获益匪浅。

例如：黄阳等人曾在《"翻转课堂"教学模式设计的几点思考》一文中[1]，提到目前新型的授课模式"翻转课堂"，即学生在课前通过网络等多媒体形式事先学习，然后在课堂上就自己不明白的地方进行提问，一改传统课堂上老师负责讲解，学生课下复习的模式，契合学生自主学习的需求；而王华荣则在《以案例教学推动大学课堂教学模式改革的实践与探索》一文中[2]，重点强调了课上运用案例教学的重要性；许学军在《多媒体教学的优点及现状与对策》一文中，重点突出多媒体教学形式的必要性与重要意义；[3]袁维新在《国外基于建构主义的科学教学模式面面观》一文中[4]，提到了国外基于建构主义学习模式而形成的众多新型学习模式，主要论述了课题研究模式、问题解决模式、探究学习模式、情境学习模式、概念转变学习模式和社会文化模式等，对我国当前正在开展的新一轮课程与教学改革具有重要的借鉴意义；何云峰的《大学"研究性教学"的发展路向及模式建构》[5]、汪蕙等人的《关于研究型大学教学模式的认识和实践》[6]与高新发的《改革大学教学模式、培养大批创新人才》等，[7]都在强调研究性教学模式的必要性。这些相近与类似的前期研究对本研究大有裨益，为本研究提供了丰富的研究资料与基础。

---

[1] 黄阳、刘见阳、印培培、陈琳：《"翻转课堂"教学模式设计的几点思考》，载《现代教育技术》2014年第12期，第100~106页。

[2] 王华荣：《以案例教学推动大学课堂教学模式改革的实践与探索》，载《中国大学教学》2011年第4期，第62~64页。

[3] 许学军：《多媒体教学的优点及现状与对策》，载《中国科技信息》2006年第1期，第97~101页。

[4] 袁维新：《国外基于建构主义的科学教学模式面面观》，载《比较教育研究》2003年第8期，第50~54页。

[5] 何云峰：《大学"研究性教学"的发展路向及模式建构》，载《中国大学教学》2009年第10期，第81~83页。

[6] 汪蕙、张文雪、袁德宁：《关于研究型大学教学模式的认识和实践》，载《清华大学教育研究》2002年第1期，第17~22页。

[7] 高新发：《改革大学教学模式培养大批创新人才》，载《高等教育研究》2000年第6期，第45~47页。

根据皮亚杰、布鲁纳与奥苏伯尔和加涅等认知学习理论，认为"学习并不是在外部环境的支配下被动地形成刺激与反应的联结，而是主动地在头脑内部构造认知结构；学习并不是通过练习与强化形成反应习惯，而是通过顿悟与理解获得期待；学生的学习依赖于他从记忆中抽取的认知结构和当前的刺激情境，学习受主体的预期所引导，而不是受习惯所支配"。[1] 也就是说，学习并不是一个简单的将知识复制的过程，而是一个接收转化的过程。布鲁纳认为，学习任何一门学科的最终目的都是通过构建学生良好的认知结构，达到帮助学生形成全面掌握所学学科的基本知识结构的能力。教学不应该使学生处于被动接受知识的状态，而应该培养学生自己搜集学习资料、吸收知识、主动学习的能力，鼓励学生从内心生发出一种想要了解事物本质的学习欲望。因此，教师应该在教学过程中采取有效的措施来激发学生的这种主动性，帮助他们完成获得知识、转化知识和评价知识这一系列活动，使得书本上的死知识转变为学生自己得以灵活运用的活知识，这也是我们基于 MOOC 与翻转课堂理念进行跨学科研究生教学模式探索的理论依据。之所以选择"中国社会与法治"这门课程为示例，来探索这种跨学科教学模式的创新，是因为这门课程的教学具有跨学科教学模式探索的典型意义。社会学是一门关注某特定社会中法律事实状况的社会科学；而法学则是一门看重法律的规范性的逻辑科学。要想培养具有跨学科综合能力的高素质法治人才，就需他们既有坚实的社会学功底，又通晓法律的相关知识，还要对他们进行两方面知识与能力的双重训练，且将这两门学科的知识融会贯通。基于此，笔者拟根据自身的知识结构背景与客观条件，在中国政法大学研究生院开设以"中国社会与法治"为主题的跨学科课程，旨在结合社会学与法学这两门学科，进行跨学科研究生教学模式的探索。一方面，引领学生学习法学、社会学经典著作，引导他们学会如何用理论去科学地探讨现

---

[1] 王大顺、张彦军主编：《发展与教育心理学》，陕西师范大学出版社 2015 年版，第 141 页。

实中的社会问题,让学生了解与掌握当今中国社会的现状、特征与主要问题所在,揭示法律在这些相应方面的规制、缺失与未来发展,锻炼与提升学生的研究能力与技术;另一方面,通过这门具有典型意义的跨学科课程的教学实践去创新教学模式与教学方法,为以后的研究生教学模式改革提供理论依据与经验基础。

三、教学模式初探

本研究聚焦于探索法学与社会学两个一级学科的交叉教学模式,重点在于教学内容与教学方法的创新结合,突出经典理论引领与实际问题寻找与探索。因此,这门课程的研究设计、教学模式与教学效果探索是关键与重心,结合上文中提到的 MOOC 和翻转课堂的新型教学形式,以及教育心理学中的认知发展理论,笔者拟将其与社会学和法学的学科特点相融合,通过学生配置、教学内容、教学形式与课业评价方式四个环节,初步设计出一个跨学科研究生教学模式,并将其运用到实际教学过程中,检验教学效果,为今后的跨学科研究生教学模式的创新抛砖引玉。

(一)学生配置或学生结构

初拟跨学科研究生教学模式计划书。在对大量有关于教学改革的文献进行阅读总结归纳后,结合我校研究生的学习特点,并将法学与社会学两个一级学科现有的教学方式进行有机糅合,初步制定出具体的符合当前我国研究生教学的跨学科教学模式计划大纲;根据初步形成的教学计划,进行具体的课程教学模式改革实践,具体到本研究,由于是跨法学与社会学两个学科,因此在学生组成上,面向具有法学和社会学基础的研究生或者博士生开放。由于这两个专业的学生在本科四年所受到的专业知识训练有很大差异,导致他们看待同一社会问题的视角也存在较大差异。社会学的学生大多从社会事实本身、社会环境出发,寻找该问题的成因与解决该问题的相应对策;而法学专业的学生多从法律条文、原则与法学理论的运用出发,强调该问题的解决在法律体系中形成合理的逻辑关系。

这种专业视角的差异性要求教师在学生的分组配置上，根据此次选课学生的专业背景，将其分为若干小组，保证每个小组内均有社会学和法学的学生，若是学生中分别有法学或社会学的博士生，应将他们均衡配置在每个小组中，从而保证每个小组在面对同一知识点与案例研讨时，都可以从不同的专业视角出发，并由博士生任组长，在小组内部形成一种碰撞式讨论的学习氛围，以便于他们分享彼此的知识储备，开阔思维，提升思考与科学研究的能力。因此，这门课程适合于向法学与社会学两个学科的硕士、博士研究生开放。

（二）教学内容

想要探索新型的教学模式，除了要了解几百年来教育模式的发展脉络，借助于现代先进的科学技术外，同时也要及时掌握学生的学习特点，特别是认知特点，还要熟悉这门课程的特点。社会学一向被归为大法学类下，但是社会学与法学实属不同的一级学科，学习社会学与学习法学专业的学生平日里所受到的教育是不一样的，社会学研究社会事实，关注社会科学理论与社会本身，任何现象的研究都要将其嵌入到社会中去考虑，采用的是一套系统的社会科学的研究方法；而法学则一向注重学生的概念、法学理论及逻辑训练，讲求严谨，要在逻辑上形成完美的链条。这两个学科的共同特点是理论性都很强，它们不似一般的实践性课程，尤其在成为一门跨学科课程时，需要将两个学科的理论融会贯通，这就要求教师具有厚实的相关理论知识。同时，由于两个学科的区别造成这两个专业的研究生，他们自身已具有的知识储备，尤其是思维习惯存在很大的差异，因此，当他们共同来学习一门课程的时候，对他们所要做的课堂引导是很不一样的，每个学生若想在"中国社会与法治"这门跨社会学与法学的研究生课程中真正学到知识，有所收获，离不开任课老师的个性化教学指导和与课程特点相适应的教学内容安排。

本课程的主题是"中国社会与法治"，教学活动的对象是法学与社会学专业的研究生，为了达到比较好的教学效果，要求任课教师不仅具备厚实的社会学与法学理论知识储备，具有这两个学科的知识背景与结构，引领学生如何学习和运用这两个学科的经典理论，同时，还要对中国社会有深刻的透视与科学研究，方能带领学生实现理论与实践的融会贯通。而且，要将相关的学习内容、经典著作、论文引荐给学生事先阅读预习，事后根据每个学生的个性化特点进行答疑。对社会学的学生加强一些法学知识的讲解，对法学的学生增加社会学知识的传授，并促使两个学科的学生增强互相学习的兴趣与能力。同时，要增强两类学生对中国社会进行剖析与洞察的能力与思维培养。让他们通过这门课程的学习，养成良好的社会问题探索习惯，培植学生主动观察社会与发现问题、思考问题的兴趣，并增强他们如何科学地去观察、去研究社会的能力。在中国现有的教育体制中，传统法学教育极少开设社会科学的课程，社会学的教学中也基本上不涉及法学教育。而要真正建设法治国家，实现中国的法治现代化，首先，要搞清楚中国社会的真实情况，全面系统地了解中国社会的现状、特征及其存在的社会问题或者说社会风险的症结与缘由；其次，是启迪学生去了解与探索当下中国社会治理的相关法律、目前相应法律的规制缺失与未来调整；最后，带领学生用社会学的理论知识与科学方法，对中国社会进行科学的研究，否则无论立法、司法，还是法制建设都是无从谈起的。所以，这门课程的教学与学习是始终围绕这两个学科科学衔接这一主题进行的。

（三）教学形式

根据本门课程教学大纲所列出的授课主题，于每节课前登入国内外 MOOC 平台上寻找相关案例，并将其与任课老师准备本次课堂的主要教学内容（PPT）压缩到一起，提前发送到各位选课同学的邮箱，要求课前进行视频与课件的自我学习，每个人可以在课前学习中提出自己的疑问，在小组中进行事前讨论，无法搞清楚的疑问由组长汇总后，提交到任课教师那里，由任课教师在课堂上进行引导式解答，并对其背后的理论进行深度讲解。课后鼓励成立共同学习小组，对课程中的问题和相关的理论继续进行讨论，突破课堂学习的局限性，将研讨的习惯延伸、内化到日常生活中，并增加对理论学习的趣味性与实践运用。这类课程设置课时量也不能过少，通常应为一学期48课时，否则达不到应有的效果。教学形式总是与教学内容相一致，由于这门课程的内容理论性与现实性都很强，所以，在教学形式上还要侧重事先让学生进行经典导读，在课堂上构建趣味学习与现实分析的情景性，创造一种能力培养与理论积累的学习环境与方式。

一方面这种教学方式不仅对教师的知识储备要求大大提高，而且，教师也要课前课后做大量的准备，才能真正实现翻转课堂的教学效果，实现个性化教学。所以，教师的工作量也将大为增加，因此，这类课程的设置在教师工作量折算上应增加其相应的数量与分量。另一方面要求教师熟悉所教学生的专业背景、知识结构与水平、思维能力、领悟能力等个性化特点，因材施教。因此，这种教学模式只能采取20~30个学生的小班形式，至多不能超过40个，分成两到四个学生讨论组，每次课程由四组的组长总结发言，由教师统一解答，如此方能达到较好的学习效果。也就是说，这种教学模式除学生的配置结构外，在数量上也要有一定的限制。

（四）课业评价方式

传统的评价学生每学期课程学习情况的方式，除了考查学生平日的出勤情况外，最终学习成果的检测要么是进行书面考试，要么是提交一份论文作业。本次课程设计拟突破这种传统的评价方式，对于平时学习情况的检测拟借用教学平台，实现学生们互评日常作业，每项平时作业以一定比例计入学期最后的总成绩。除第一周外，其余每周作业，包括观看MOOC视频与PPT之后提出的一些自己的想法、相互的讨论等，都作为平时成绩的计分依据；对于这种形式的考核，拟以小组展示的方式进行，每小组在第一周开课后按照教师预先布置的视频与PPT，每周抽出一定时间展开学习与讨论，并于每周上课时按小组进行汇报，由教师给予每组一个成绩。在这一过程中既能充分让两个专业的学生互相学习各自专业知识，又能激发彼此的学术研究兴趣，提升学术研究能力。最终每个学生呈现一份读书报告或论文，由任课教师给予每一份报告与论文一个成绩，占总成绩约一半的比例。因为，这份报告基本上能反映一个学生一学期的所学所想，以上这种综合考查的方式能相对完整地整体呈现学生的学习水平与收获。

四、小　结

总之，本文拟在前人"MOOC＋翻转课堂"新型课堂教学理念的基础上，结合教学模式探索的相关成果，以开设的"中国社会与法治"的法社会学课程为依托，设计出一套适用于跨社会学与法学两个一级学科的新型教学模式。主要包括：一是在学生组成方面应重点注意如何进行两个专业学生之间的搭配学习，以便更好地实现跨学科教学的学习效果；二是在教学内容方面思考如何在经典理论的引领下，对现实社会状况与社会问题进行科学的考察，为实现理论与实践相结合、培养现实需要的综合型法治人才的教学目的打下基础；三是在教学方式上注重以学生为中心，以提升学生的主动学习能力和独立思考能力为重心，以事先学习、课堂提问答疑为常规方式，以引领、预习、提问题、答疑、讨论等系列手段，创新课堂教学方法与模式；四是注重课上与学生的互动，记录学生的具体表现与学生感受，根据相应记录不断调整教学方式，在教学过程中改进，在教学反馈中总结，形成较为完善的跨学科教学新模式。真正的寓学于乐，促成学生积极、主动地领悟理论知识、思考社会问题的学习氛围，最终达到通过引领学生阅读经典理论，科学地运用理论知识去考察实际生活和探索社会问题的能力的教学目的。

当然，新模式的探索最终还是要回到教学实践中去，期待学校早日批准本课程的设置申报，通过实际的教学活动，不断修正、摸索最为有效的跨学科教学模式。早日开设这门课程的优势在于：首先，根据学生每次的课堂表现，结合教学目标的完成情况，总结每次课堂的教学经验，对课堂效果进行反思；其次，在课程结束后与有关学生互动商讨，征求他们的意见，总结、调整本门课程的教学方式与内容；最后，结合教学实践具体情况与专家学者的建议，逐步形成完善的跨法学与社会学两个学科的教学模式，并最终完成一篇完整的跨学科教学模式计划与报告，从而为培养高素质综合性法治人才和创新跨学科教学的新模式做出贡献。

《中国法制史》课程定位及其教学思路探索*

◎郑颖慧**

摘　要：区分"中国法制史"作为学科和课程两个视角的基本差异，进而梳理《中国法制史》课程首次正式设置的背景及目的，从学理上阐释该课程之法学属性和定位，为打破《中国法制史》课程的困境存在提供客观依据。基于《中国法制史》课程对法学人才培养的特殊意义，在教学思路上应对"历史中的法律"问题，注重贯彻以法律发展规律探讨为根本的教学宗旨。从而树立法学基础理论课程体系中《中国法制史》不同于《法理学》的独立地位，期为法学人才培养目标的实现发挥独特的作用。

关键词：《中国法制史》　法学定位　法学人才　教学思路　发展规律

《中国法制史》课程是教育部规定的高校法学专业十四门核心课程之一。由于该课程与其他法学类课程在

---

*　江苏高校"青蓝工程"资助项目、东南大学校级教学改革项目"基于法学基础理论课程定位的《中国法制史》教学模式改革研究"阶段性成果。

**　郑颖慧，女，东南大学法学院教师，法学博士。

形式和内容均有很大差异，因此作为一个历史学和法学交叉的学科，处于以注重实务、旨在培养实践人才的法学专业课程体系中，不免境地尴尬且自感牵强，继而师生彼此的教与学均面临诸多困境。为此，学界主要从教学方法、教学手段等角度提出激发学生兴趣、培养学生法学思维等具体策略。在此基础上，有必要进一步追问《中国法制史》课程及其设置的来龙去脉，从学理上明确其属性和定位。同时，鉴于《中国法制史》作为法学基础理论课程对法学人才培养的重要意义，有必要从宏观层面明确该课程的教学宗旨和教学思路，试图探寻《中国法制史》课程教学的基本特性和方向。

一、《中国法制史》课程的属性和定位

顾名思义，"中国法制史"属于历史学和法学交叉的一种特定学科领域。某种学科的发展一般来说有两种基本途径：一是科学研究；二是课程教育。滋贺秀三曾说："某种科学要在学术界确立地位，为世人所承认，必须在大学里正规地、系统地讲课。"[1]这说明设置课程发挥传播和教育的功能成为学科发展壮大必不可少的一环。某一学科的科学研究和课程教育既有联系又有区别，其中后者因要面对特定的受众——学生群体，要实现明确的人才培养目标，因此，课程教育的内涵和外延都较科学研究具有限定性和指向性。所以有必要厘清学科和设置该学科课程的关系，不能将两者混为一谈。换言之，《中国法制史》课程的属性和定位与该学科不能完全等同。但长期以来，忽略了学科和课程的区别关系，普遍认为《中国法制史》是一门历史学和法学交叉的学科，据此成为导致该课程面临诸多困境的重要因素，进而又在明确《中国法制史》作为法学基础理论课程的前提下，努力探索并提出一系列旨在培养学生法律素养，体现该课程法学基础理论课

---

[1] [日] 滋贺秀三：《日本对中国法制史研究的历史和现状》，载《法律史论丛》1983年第3期，第294~304页。

程特性的各种教学方法对策。[1]学界对《中国法制史》课程面临困境及解决对策所做的有益探讨引发的基本缘由即是将学科和课程等同起来,因此产生后来的困境及对策的探索。同时,对于《中国法制史》法学基础理论课程的属性和定位,需要从学理上加以阐明,从而打破该课程所谓的困境存在。

(一)中国传统社会下的法制史教育——史学定位

《中国法制史》课程的设置是到中国晚近时期随着西学东渐的逐步深入,借鉴西方学科分类理念和方法而产生。此前在中国传统社会下的知识教育体系为经史子集四部之学,这种划分和近代意义上的学科分类不同,四部之学形式各异,但精神内涵一致,故又称为"通人之学"。其中史部之学在中国传统社会源远流长。从先秦直至清代史书编撰绵延不绝,形成了蔚为大观的官修二十四史和卷帙浩繁的私人史著。我国传统史学的发达与历代统治者的重视分不开,早在西周初年就明确注重吸取历史教训探索治国方案。周公曾说:"我不可不监于有夏,亦不可不监于有殷。我不敢知曰:有夏服从命,惟有历年,我不敢知曰,不其延。惟不敬其德,乃早坠其命。我不敢知曰:有殷受天命,惟有历年,我不敢知曰,不其延。惟不敬其德,乃早坠其命。"[2]周公从夏商统治者因失德而败亡的历史教训中提出"明德慎罚"的治国方略。春秋时期鲁国官修编年体史书《春秋》撰成。我国早期即已形成的发挥史鉴、资于治道的理念此后进一步发展成为制度化的史学编撰系统。自西汉在中央设立了专掌史学和图书等机构,太史令司马迁撰写"通古今之变"之《史记》。历代王朝继

---

[1] 主要论文有尤陈俊:《知识转型背景下的中国法律史——从中国法学院的立场出发》,载《云南大学学报(法学版)》2008年第1期;邓建鹏:《回归法学教育的立场——中国法制史教学的困境与思考》,载《法学教育研究》2011年第2期;项松林:《卓越法律人才培养背景下"中国法制史"与"法理学"互动性教学探究》,载《牡丹江大学学报》2013年第6期;苏凤格:《〈中国法制史课程〉教学与法律思维的培养》,载《公民与法》2013年第9期;张颖:《凸显中国法制史教学的法学训练价值》,载《教育教学论坛》2015年第8期;等等。

[2] 李民、王健:《尚书译注》,上海古籍出版社2004年版,"召诰"部分,第285页。

承沿袭，撰写前朝或本朝历史成为一种惯例，同时也是一项重要的政治活动，构成传统社会中学习教育的基本组成部分。

我国传统史学深受儒家经世致用思想的深刻影响，承担着"资于治道"的基本功能，对于"德刑并用""明刑弼教"治国之道进行系统梳理和专章论述必然成为史书重要内容，此即为在东汉《汉书》首设"刑法志"直至清代官修历代正史均撰有刑法志。"历代刑法志"是中国传统社会下的中国法制史教育。对此，有学者指出："早期的中国法史学与中国历史上的典制体史学有密切的关系。"[1]可以说，传统社会下的法史学其属性和定位完全纯属于史部之学。现在《中国法制史》课程面临的困境很大程度上表现为该课程不论在教材编撰体例及内容上，还是教学手段和方法上都明显具有向史学偏离的倾向。无疑，三千多年传统史学文化教育的深远影响是其中重要因素。

（二）《中国法制史》课程正式设置的背景及目的——法学定位

首先，《中国法制史》课程孕育于鸦片战争爆发以后，西学东渐过程中，西方法学思想在中国逐步深入的历史大背景。以1887年英国传教士在上海创办的规模最大、影响最广、最具代表性的文化出版机构——广学会为例，它翻译出版了《泰西新史概要》，介绍了伏尔泰、卢梭、孟德斯鸠、狄德罗等人的学说以及法律改革的思想；宣传了人权观念、平等观念和法治观念。广学会广泛引介西法到中国，对中国知识分子起了思想启蒙的作用，梁启超为其中的重要代表，他阅读了这些西译法学著作曾说："伟大的世界开始对他说话的一年"，[2]批评洋务运动"知有兵事而不知有民政，知有外交而不知有内治，知有朝廷而不知有国民"。[3]康梁发动的戊戌变法根本宗旨即主张以效仿西法变革法律为先，

---

[1] 刘广安：《中国法史学基础问题反思》，载张中秋主编：《法律史学科发展国际学术研讨会文集》，中国政法大学出版社2006年版，第11页。

[2] [美]卢茨：《中国教会大学史（1850～1950）》，曾锯生译，浙江教育出版社1987年版，第39页。

[3] 梁启超：《中国四十年来大事记》，载《饮冰室合集（6）》，中华书局1989年版，第41页。

"今数十年诸臣所言变法者，率皆变其一端，而未尝筹及全体，又所谓变法者，须自制度法律先为改定，乃谓之变法。今所言变者，是变事耳，非变法也。臣请皇上变法，须先统筹全局而全变之，又请先开制度局而变法律，乃有益也。"[1]可见，西方法学在当时深入人心，成为盛行的主导思潮，由此推知，传统的中国法制史学必然顺应大背景渐次脱离史学而转向法学。对此，1904年梁启超撰写的《论中国成文法编制之沿革得失》标志着首次实现了这一转变。该文运用西方法学理论框架系统梳理了中国古代立法演进过程，将各类相关史料融合纳入西方法学概念中重点阐明其发展公理（规律），开创了民国中国法制史学主流研究范式。有学者指出："在法史学方面，梁启超更是开山鼻祖。"[2]可以说，梁启超明确将法史学从传统纯粹史学范畴中分离出来，奠定其旨在阐释法律发展规律的法学属性。

其次，中国法制史课程是在晚清"中西会通"修律背景下而设置的。晚清政府遭遇"数千年未有之变局""数千年未有之强敌"，其中西方列强通过不平等条约在中国攫取了治外法权，中国司法主权遭到严重破坏。深受列强允诺中国若"与各西国律例改同一律，……一俟查悉中国律例情形及其审断办法，及一切相关皆臻妥善，即放弃治外法权"[3]，于1901年光绪帝发布上谕："法令不更，锢习不破，欲求振作，须议更张"，要求"参酌中西政治、举凡朝章国故，吏治民生，学校科举，军制财政，当因当革，当省当并，如何而国势始兴，如何而人才始盛，如何而度支始裕，如何而武备始精，各举所知，各抒所见"。[4]由此晚清一场全方位变法正式启动。随后1902年光绪帝颁布上谕："慎选熟悉中西律例者，保送数员来京，听候简派，开馆编撰，请旨审定

---

[1] 康有为撰，姜义华等编校：《康有为全集（5）》，中国人民大学出版社2007年版，第93页。

[2] 范忠信：《认识法学家梁启超》，载《政治与法律》1998年第6期，第63~67页。

[3] （清）朱寿朋：《光绪朝东华录》，中华书局2016年版，第4919页。

[4] （清）朱寿朋：《光绪朝东华录》，中华书局2016年版，第4601~4602页。

颁发。总期切实平允,中外通行,用示通变宜民之至意。"[1]可见晚清变法首当其冲就是法律改革。被保荐的沈家本主持这次修律活动。在修律运动中,沈家本多次指出:"有志之士,当讨究治道之源,旁考各国制度,观其会通,庶几采撷精华,稍有补于当世。"[2]即要精研西方法律制度并加以移植为我所用。又曾说道:"当此法治时代,若但征之今而不考之古,但推崇西法而不探讨中法,则法学不全,又安能会通之,以推行于世",[3]"夫吾国旧学,自成体系,精微之处,仁至义尽,新学要旨,已在包涵之内,……不论旧学、新学,所贵融会而贯通之。"对此沈家本说道:"余奉命修律,采用西法互让参稽,同异相半。然不深究夫中律之本原,而考其得失,而遽以西法杂糅之,正如枘凿不相入,安望其会通哉?是中律讲读之功,仍不可废也。"[4]通过上述言论可知:沈家本忠实贯彻了晚清政府的修律宗旨,一方面,他组织人员积极翻译外国法学著作,创办法律学堂、聘请外国法学家担任教员、参与立法等,掀起学习西法的热潮。另一方面,又特别强调对中国传统法律的重视和研究。在此基础上实现中法和西法两者"会通"方为修律之道。这说明中法和西法彼此展开对话和沟通,由此中国传统法律必然会受到西方法学理论影响而带有鲜明的近代法学色彩。沈家本认为"法学由衰而盛,庶几天下之士,群知讨论,将人人有法学之思想,一法立而天下共守之,而世局亦随法学为转移"。[5]可见,沈氏已明确将中国传统法律文化亦纳入法学范畴。

最后,中国法制史课程正式设置是为培养法学人才之需。学制改革是晚清变法的重要举措之一。晚清政府借鉴西方学科体系和分类方法,分别于1902年和1906年两次下诏学制改革。此前

---

[1] 《清德宗实录》卷495,中华书局1987年影印本,第6册,第835页。
[2] (清)沈家本:《历代刑法考附寄簃文存》,中华书局1985年版,第2242页。
[3] (清)沈家本:《历代刑法考附寄簃文存》,中华书局1985年版,第2223页。
[4] (清)沈家本:《历代刑法考附寄簃文存》,中华书局1985年版,第2024页。
[5] (清)沈家本:《历代刑法考附寄簃文存》,中华书局1985年版,第2243页。

洋务派就提出："中国学西洋之学，似不以律例为先究竟应由何项入手？"[1]晚清变法期间，认识到"法律为专门之学，非俗吏所能通晓，必有专门之人"。[2]"法律成而无讲求法律之人，施行必多阻阂，非专设学堂培养人才不可"。[3]所以在学制改革中法学课程备受重视。其中，1902年颁布《钦定学堂章程》之《钦定京师大学堂章程》规定：第一年设置"掌故"，讲解历代典章制度沿革；第二年设置"法制史"，首次创设"法制史"课程。1906年颁布《奏定学堂章程》规定：政法科设置"中国历代刑律考"和"中国古今历代法制考"课程。同年中国第一个法律学堂——京师法政学堂诞生，并在政治门和法律门课程中正式冠以"中国法制史"课程名称开设。此后各地法政学堂纷纷设立，均开设了中国法制史课程。可以说，从中国法制史课程设置之初即以培养法学人才为根本目的，属于法学类课程。该课程设置的初衷一直继承并延续下来，"20世纪50年代以后建立的法律史传统基本上出于法学，它在学科组织和建制上隶属于法学，而不是历史学"，[4]自1997年以后中国法制史课程明定为法学本科阶段的十四门核心课程之一，规定"全国所有的法律专业，如果没有或不能开设中国法制史课程，就要取消其办学资格"[5]。可见，《中国法制史》课程设置的法学属性一以贯之。

概而言之，《中国法制史》课程从其孕育背景及其诞生之日就蕴含鲜明的法学属性和定位。因深受中国传统悠久史学文化影响，长期以来受制于《中国法制史》课程即为讲述"法律的历史"思维定式，导致该课程普遍面临史学和法学相互缠绕的困境，处于如何解决此消彼长的难题。对此，基于对《中国法制史》课程的学理分析可知，作为一门具有法学属性和定位的课

---

[1] 中国史学会编：《洋务运动（二）》，上海人民出版社1961年版，第129页。
[2] （清）沈家本：《历代刑法考附寄簃文存》，中华书局1985年版，第2060页。
[3] （清）沈家本：《历代刑法考附寄簃文存》，中华书局1985年版，第2233页。
[4] 梁治平：《在边缘处思考》，法律出版社2010年版，第210页。
[5] 曾宪义：《中国法制史》，北京大学出版社2000年版，第12页。

程，讲述的是"历史中的法律"，重点培养对法律发展规律的认知和把握。凸显法学基础理论课程定位的根本宗旨，明确《中国法制史》课程教学思路，从而在理论上打破所谓困境的存在。

二、探索《中国法制史》课程教学思路对法学人才培养的重要意义

党的十八大以来明确提出"坚持走中国特色社会主义法治道路，加快构建中国特色社会主义法治体系，建设社会主义法治国家"。[1]新时代建设法治中国宏伟目标的提出又一次迎来了对法学人才的迫切急需。习近平总书记多次指出"全面推进依法治国，建设一支德才兼备的高素质法治队伍至关重要"，"全面推进依法治国，首先要把这支队伍建设好。"[2]保证"这支队伍"专业精湛，素质一流，关键在于完善法学人才培养。为此，2011年12月教育部、中央政法委员会联合发布《关于卓越法律人才教育培养计划的若干意见》，确定了法学人才培养基本目标："适应多样化法律职业要求，坚持厚基础、宽口径，强化学生法律实务技能培训，提高学生运用法学与其他学科知识方法解决实际法律问题的能力，促进法学教育与法律职业的深度衔接。"[3]这说明法学人才培养旨在提高学生法律实务技能，为了实现这一根本目标，前提必须做到"宽口径、厚基础"人才培养模式，意即学生不仅要掌握狭义的部门法知识体系，而且要从广义上学习其他各种相关学科知识，从而为提高法律实践能力奠定深厚而广泛的知识基础。作为法学基础理论课程之一、以阐释中国历史中法律发展规律的《中国法制史》课程使法律不仅要知其然，更要知其所以然，成为法学人才培养理所当然的"厚基础"之必修课程。探

---

[1] 习近平：《在庆祝中国共产党成立九十五周年大会上的讲话》，人民出版社单行本，第17页。

[2] 习近平：《十八大以来重要文献选编（中）》，中央文献出版社2016年版，第190页。

[3] 《教育部中央政法委员会关于实施卓越法律人才教育培养计划的若干意见》，http://www.moe.edu.cn/srcsite/A08/moe_739/s6550/201112/t20111223_168354.html。

索《中国法制史》课程教学思路对实现卓越法学人才培养目标具有重要意义，具体表现在以下方面：

（一）可以加深对现行立法和司法的理解

毋庸讳言，法学人才培养中，全面系统地学习和掌握现行立法和司法知识体系是最为核心的部分，也是法学专业区别于其他专业最根本的特点。对于立法及司法知识体系的理解水平及掌握程度，也是集中体现法学人才专业水准的重要标尺。而现行的立法及司法的形成与发展，与百余年前的晚清修律开启的法律移植密切相关。由晚清的沈家本率先开始大规模移植西方法律，到民国时期移植大陆法系构建"六法体系"，再到新中国成立后移植苏联法，直至今天法律移植仍在循着历史的道路继续前进。正如有学者指出："晚清开创的法律移植事业，经由北洋政府、国民政府而延续至今，清末种种思潮、观念、话语、论争及其背后的问题，也以这样那样的方式，不断呈现于此后一百年的历史之中。"[1]追问历史上中国法律为何移植、怎样移植、移植成果、留下哪些经验教训，等等，通过学习《中国法制史》课程相关内容寻找答案，无疑可以增强对现行立法及司法知识体系的深刻理解。

我国近现代的法律移植过程始终和民族传统法文化发生碰撞，"被移植来的西方法文化，只有扎根于中国的土壤，成为本民族总体文化的一部分，才是成功的关键。"[2]扎根于中国土壤的是自夏代法律正式产生直至清朝缔造的源远流长、独树一帜的传统法文化。而现行的法律就是"那些内在地、默默地起作用的力量的产物。它深深植根于一个民族的历史之中，而且其真正的源泉乃是普遍的信念、习惯和民族的共同意识"。[3]此即指民族的传统法文化对现代法律的深层影响，实际形塑现行法律。《中

---

[1] 梁治平：《梁治平自选集：法律史的视界》，广西师范大学出版社2013年版，第135页。

[2] 张晋藩：《中国近代社会与法制文明》，中国政法大学出版社2003年版，第254页。

[3] [德]萨维尼：《论立法与法学的当代使命》，许章润译，中国法制出版社2001年版，第30~31页。

国法制史》课程重点讲述我国传统法文化的发展规律，通过该课程学习，对我国现行立法中诸如出现的某些注重道德倾向的立法举措、司法以"于欢案"为例的社会热点案件等就可以自觉地从传统法文化重视伦常道德的视角进行透视，从而更加深刻理解现行立法和司法知识体系。

（二）能够培养学生全局性法学素养

提高法律实务技能，绝非仅仅熟悉和掌握现代法学知识的"点"就能做到，而必须对法律有"面"或"线"上的全方位把握。换言之，对法学知识"点"的学习必须要了解其来龙去脉，并探究其蕴藏的深层文化内涵，只有这样才能称得上真正理解和掌握了现代法学知识。何谓具有高超的法律技能，美国学者波斯纳对此做了回答："赞同在疑难案件中法官的恰当目标只是获得合情合理的结果，而不是要获得某个其正确性可以予以论证的结果；此外，我还赞同客观性是法律判决的一种文化属性和政治属性，而不是一种认识论属性；赞同在法治美德与具体个案的衡平性及裁量性考虑之间要保持平衡。"[1]要达到如是高超的法律实务技能，必须对法学知识从"点"到"线"和"面"有全面系统的掌握。如果对法律的认知仅停留在知其然而不知其所以然的层面，就会导致相关知识储备贫乏，当面对复杂的法律实务问题时捉襟见肘，难以圆融解决亦是必然。这也是造成当前立法领域及司法领域在某些具体问题上产生激烈社会纷争的重要因素。《中国法制史》课程作为法学基础理论课程，教学内容以讲述历史中的法律发展规律为根本宗旨，系统梳理法律演进过程、提炼和概括法律发展特点及挖掘法文化内涵。结合现代是历史的延续，历史中的法律构成现代法律的文化积淀和基本内涵这一原则，历史上的中国法律发展规律必然对当代法治建设发挥着基础而重要的作用。通过学习本课程，能够将中国过去的法律和现代的法律进行有效的联结，是形成法学"线和面"知识体系最为重

---

[1] [美]波斯纳：《法理学问题》，苏力译，中国政法大学出版社2002年版，第34页。

要的一环。如果没有进行《中国法制史》课程的学习，势必将现代法律和历史上的法律割裂开来，对法律形成片面化的局部理解，而无法构建其全局认识。可以说，《中国法制史》课程能够将法学知识连贯起来形成整体知识体系，进而培养学生全局性法学素养，只有这样才有可能在解决复杂的法律实务问题时游刃有余，做到如波斯纳所称赞的"平衡"技能。无疑，《中国法制史》课程对全局性法学素养的训练和培养，对提高法律实务技能发挥着"厚基础"的重要作用。

（三）可以强化学生本土化法学意识

"建设有中国特色的社会主义法治国家"是新时代中国法治建设的根本目标。"中国特色"则意味着中国的法治之路是有别于西方、具有鲜明本土化色彩的法治发展。由于深受自晚清修律开启的法律移植理论及实践的历史影响，以及中国法落后和西方法先进的价值判断长期渗透，导致在现代法治建设过程中"言必称希腊"，唯以西法为参照和归依，成为普遍现象。这种做法一方面体现了对本土化的法律没有给予首要而足够的重视，势必会受到法律移植与本土化的规律制约，导致在现实中移植过来的法律多有轩轾之处；另一方面忽视本土化法律知识，也会使法治的"中国特色"无由呈现。所谓"特色"是独属于民族的、地方性的独有文化，必定蕴含本土化色彩。以阐释中国历史上法律发展规律的《中国法制史》课程，可以使学生深刻了解到中国传统法博大精深、蕴意深刻的本土文化内涵。在此认识前提下，对近现代法律移植过程中的西方法律从本土化视角辩证地看待，从而自觉地立足于中国本土和社会实际，注重将挖掘本土法文化资源放在首要考虑的位置。比如，在近代西学东渐思潮下西方的民主、自由及人权等思想传入国内，通过对本土法文化的了解，就可以认识到这些观念与先秦儒家学派某些观点存在相通之处，从而改变长期以来形成的厚彼薄此的惯性思维。可以说，《中国法制史》课程学习能够强化本土化法学意识，这对于增强民族文化自信、理解有中国特色的社会主义法治建设以及提高法律实务技能均有重要意义。

总而言之，探索《中国法制史》课程旨在阐释法律发展规律的教学思路对法学人才培养具有重要意义，表现在可以使学生加深对现行法的理解、能够培养全局性法律素养、可以培养本土化法学意识等诸多方面。法律实务技能的提高必须具备"宽口径、厚基础"的广博知识积淀和储备，正如美国学者博登海默所言："如果一个人只是个法律工匠，只知道审判程序之方法和精通实在法的专门规则，那么他的确不能成为一流的法律工作者。"这说明法律实务技能并非仅具备工匠技能就可胜任，其中全面把握历史中的法律发展规律及其文化内涵至关重要，"攻读法律的学生如果对其本国的历史很陌生，那么他就不可能理解该国法律制度的演变以及该国法律制度机构对其周围的历史条件的依赖关系。"[1]不了解历史中的法律演进规律，那么提高法律实务技能的目标将面临无源之水、无本之木的困境。可以断言，以探讨中国法律发展规律为根本宗旨的《中国法制史》课程对卓越法律人才培养发挥着重要作用，故其不可缺位，是与《法理学》课程同等重要的并具有独立地位的一门法学基础理论必修课程。

三、基于法学基础理论课程定位的《中国法制史》教学思路探索

学界对《中国法制史》课程主要从教学方法、教学手段等方面探讨了运用案例分析法、古今比较法等旨在培养学生法学思维的教学改革措施。有学者更明确提出《中国法制史》课程直接和《法理学》课程贯通，运用法理学知识解释《中国法制史》，使后者具有法学理论内涵而培养法学思维。这些具体的改革举措无疑极大地促进了《中国法制史》课程教学效果的提高和完善，有效解决当前该课程面临的困境。但是，作为法学基础理论课程定位的《中国法制史》必须从根本上首先明确其教学宗旨和思路，并树立与另一门法学基础理论课程《法理学》显著不同的独立地

---

[1] [美] 博登海默:《法理学: 法律哲学与法律方法》, 邓正来等译, 中国政法大学出版社1999年版, 第190~191页。

位，这是解决《中国法制史》困境的关键之处，也是所寻求的宏观总体对策，切实发挥《中国法制史》课程对法学人才培养之重要意义。具体来说，《中国法制史》课程在讲述"历史中的法律"教学中，以培养学生理解和掌握法律发展规律为根本宗旨，重点把握以下基本教学思路：

（一）法律与社会的关系

探讨法律与社会的互动关系是《中国法制史》课程教学首要阐释的法律发展规律。中国传统法律发展构成《中国法制史》课程教学内容的主体部分，对这部分内容要从法律与社会的彼此互动中予以理解和把握。自公元前21世纪夏王朝建立的法律正式产生，一直延续到清代，中国传统法踏上一条延续五千余年"礼法合一"的发展之路。在如此悠久的历史演进过程中，是古代特定的社会环境缔造了独树一帜的法律文化，反之，独特的法律文化又进一步维护了当时的社会基础。在教学中紧紧把握这一总体思路，对每一阶段的法律发展，首先从法律所处的社会环境切入，然后分析社会环境对法律会产生怎样的影响或后果，最后反观法律对社会的能动改造作用。以先秦时期各诸侯国变法革新为例说明之，首先考察当时变法的特定社会环境，即为什么变法？可以看到先秦时期社会生产力的提高，导致经济基础的变化，进而社会结构发生改变，直接导致上层建筑的动摇，政体上的"礼崩乐坏"，必然会引发以维护新型统治阶级利益的变法革新运动。而先秦时期以商鞅变法为代表的各项法律革新措施推动中国由奴隶社会向封建社会过渡。这样，将法律中的社会和社会中的法律紧密糅合在一起，认识到法律与社会的互动关系，掌握"法律是社会产物，是社会制度之一，是社会规范之一。它与风俗习惯有密切关系，它维护现存的制度和道德、伦理等价值观念，它反映某一时期、某一社会的社会结构，法律与社会的关系极为密切"[1]的一般规律。

---

[1] 瞿同祖：《中国法律与中国社会》，商务印书馆2016年版，"导论"部分，第12页。

（二）法律与政治的关系

法律与政治的密切关系在中国古代法制发展过程中尤为突出。自公元前 21 世纪夏王朝开启专制政体，经由西周等级政体"宗法分封制"的确立，到秦朝统一建立皇帝制度后，专制主义中央集权成为中国古代社会的根本政治制度。总体来看，中国古代法制发展是皇帝制度专制政体下的附属产物，法律属于统治者"治国理政之具"，主要表现在立法及司法方面均鲜明体现了法律的行政色彩。在教学中注意把握从中国古代法律与政治的关系这一发展规律来理解和掌握相关知识内容。以唐宋法制为例，在立法指导思想上，不论是初唐太宗朝确立的德治和法治并行，还是中唐以后的自坏其法，以及宋代最高统治者提出的"重法"思想，均为统治集团提出的一种政治策略。在立法活动上，体现了一言立法、一言废法的"法自君出"特点，由最高统治者统领"律令格式"等法律体系的构建和形成。到了宋代更出现了以整理和汇编皇帝诏令的"编敕"而成为当时最频繁的、最主要的立法活动。在法律制度上，法制的发展和变化都是在政治力量控制下得以实现的，比如唐代的死刑执行复奏制度是唐太宗下诏予以制定的。宋代刑罚制度"折杖法"改革则是由宋太祖下诏实施的。此外，宋代出现了前所未有的、以规制海外贸易的法律体系"市舶条法"，"市舶条法"尽管可以说它顺应了宋代特别是南宋时期海外贸易蓬勃发展的态势，但这一新型法律规范的制定更多体现的是浓厚的政治意蕴，即迫于南宋政府财政危机，稳固统治的需要而为之。在司法机制上，唐宋时期中央设立"三法司"机构，地方严格实行行政和司法机构合一体制，在此基础上明确各级机构的司法管辖权限，由行政权决定司法权限的大小，皇帝拥有最高司法权。司法审判活动的终极目标是为了保障符合纲常名教理念的社会秩序，旨在维护官方意识形态和政治体制。通过上述将法律发展置于政治中探讨的教学思路，认识到中国古代法制发展具有政治属性，乃是与政治密不可分的伴生物。特别需要指出的是，对于《中国法制史》课程关于法律与政治关系之发展规律的教学思路探索,并非抹杀中国古代法制其本身所取得的辉煌成就,而是要透过表象看到中国传统法制发展进程的独特性,其与西方法制日益走向独立的进程根本不同,从而对当前构建中国特色的社会主义法治国家,不能完全照搬西式"司法独立",应注意从传统法文化资源中予以反思、创新和重建。

(三) 法律发展的相对独立性

何谓法律?中外贤哲均有探讨。早在我国先秦时期法家学派就明确定义为:"法者,宪令著于官府,刑罚必于民心,赏存于慎法,而罚加乎奸令者也。"[1]西方纯粹法学理论认为"法律是一种关于人的行为的强制性秩序"[2],并主张将法律理论摆脱一切外部的因素和非法律的因素,以实现法律在形式和结构上的"纯粹法学。"[3]可见,法律作为特殊的行为规范体系,必然具有独立性特征。就中国法律演进过程来看,在某些历史阶段出现法律发展和社会环境相脱离的情况,产生了法律滞后或超前于社会的特殊现象,换言之,法律并不总是和社会相吻合地向前发展,这体现了法律发展具有相对独立性的一般规律。以明清法律为例,当时法律所生存和发展的社会环境是资本主义萌芽于明代产生,至清代逐步发展;政治上因袭传统皇帝制度;思想上出现反封建帝制的早期资产阶级民主思想;西方思想文化开始传入天朝;等等。上述种种预示明清时期社会环境发生了深层变动,但当时的法律并没有对此做出丝毫回应,依然是此前法律制度的延续和强化。这一现象体现了法律发展迟滞于社会发展。法律发展的这种独立性体现了法律具有"稳定性","法律中的许多变化都是缓慢而渐进发生的……法律秩序中受到影响的部分会在某种程

---

[1] (战国)韩非子:《韩非子》,陈秉才译注,中华书局2007年版,第238页。
[2] [奥]凯尔森:《法与国家的一般理论》,沈宗灵译,中国大百科全书出版社1996年版,第18页。
[3] [美]博登海默:《法理学:法律哲学与法律方法》,邓正来译,中国政法大学出版社1999年版,第131~132页。

度上发生变化,而其原有结构的大部分则仍保持不变"[1]。再以中国近代法律发展为例,晚清修律开启了中国移植西方法律并走向法律近代化的道路,代表先进法文化的西式法律制度构成了中国近代法律体系的合理内核和基本框架。而与当时构建的先进法律体系形成鲜明对比的是广大基层社会环境传统因素大量存在。这样,近代化的先进法律规范和民间传统社会有所背离,这说明了法律发展可以超前于社会发展。通过上述对于法律发展滞后抑或超前于社会发展的教学思路,进而探讨法律发展与社会发展保持一定距离、法律发展具有相对独立性的一般规律,培养学生审慎、辩证及全面分析法律问题,并自觉、能动和灵活地解决法律实务问题的能力。

(四)法律移植与本土化的关系

从中国法律发展演进过程来看,自晚清修律开始,然后整个民国,再到新中国成立后,时至今日,法律发展的基本进程就是一个法律移植及其本土化的过程。因此,在学习《中国法制史》课程中"中国近代法制"这部分内容时,应紧扣"法律移植与本土化的关系"这一核心法学理论问题,重点探讨法律移植与本土化的一般规律。以晚清修律为例,在修律指导思想中,是如何看待和正确处理法律移植和本土化两者的关系问题。在修律过程中,如何具体展开法律移植,在移植过程中如何进行本土化,两者在实际操作的彼此较量如何,其导致的结果分别怎样。再以民国时期法律制度为例,一方面南京国民政府移植大陆法系建立了完整的"六法体系",另一方面传统法文化思潮盛行,源自民国创建者孙中山倡言:"中国有一段最系统的政治哲学,在外国的大政治家还没有见到,还没有说到那样清楚的,就是《大学》中所说的'格物、致知、诚意、正心、修身、齐家、治国、平天下'那一段的话。把一个人从内发扬到外,由一个人的内部做

---

[1] [美]博登海默:《法理学:法律哲学与法律方法》,邓正来译,中国政法大学出版社1999年版,第340页。

起,推到平天下为止。"主张恢复这些"我国固有的道德"。[1]所以在整个民国时期法律移植的进程是不断走向本土化的过程,法治发展不断由移植西方的价值理性走向中式的工具理性。[2]通过上述中国近代法制的教学思路,旨在探讨法律移植,首先,要正确对待本土化的问题,客观上法律移植不能单独进行。其次,在实践中,能否妥善处理两者的关系是法律移植能否成功的关键,历史的经验和教训展示了实现本土化的法律移植才有可能成为有效的法律。最后,法律移植的最终结果必然走向本土化。可以说,探讨中国近代法律移植与本土化的关系之一般规律,能增强对当前法律移植问题的认识,提高对法律本土化的自觉意识。

(五) 法律发展的多样性和不平衡性

法律发展的多样性主要体现在法律渊源的丰富多样,司法审判方式不一上。就中国古代法制来说,自夏代法律正式产生,就出现了以"刑"为主的多种法律渊源。到西汉武帝时期确立了"罢黜百家,独尊儒术"之后,儒家礼教原则成为立法的根本指导思想,这样,"礼"成为贯穿中国古代社会的根本法律规则,至唐代确立了"律、令、格、式、典"等法律形式,到明清时期继续发展。严复曾指出,对应西文"法"字,于中文有"理、礼、法、制四者之异译,学者审之"[3]。说明我国古代法律渊源丰富多样。此外,在中国古代司法审判方面同样具有多样性特点,对于民事审判一般采取各种司法调解手段,广泛运用"情、理、法"相结合,发挥教化功能,注重维护社会道德伦常秩序。对于刑事审判则严格规定审级管辖权限,对重案实行逐级审转制。刑事案件不仅程序严格,而且一般遵循罪刑法定原则。对于上述中国古代法律发展多样性规律的教学思路把握,可以打破只

---

[1] 中山大学历史系孙中山研究室等编:《孙中山全集(第9卷)》,中华书局1986年版,第248页。

[2] 韩秀桃:《近代中国对司法独立的价值追求与现实依归》,载《中国法学》2003年第4期,第164~173页。

[3] [法] 孟德斯鸠:《法意》,严复译,商务印书馆1981年版,第3页。

重视"律"的思维定式，认识到中国古代法律体系的完备以及以公法为主体的立法导向。同时，也可以认识中国古代缔造的独具特色的司法文化。法律发展的多样性规律同样是中国近现代法制的普遍现象，比如共产党统治区和国统区法制并存。

法律发展的不平衡性表现在时间和空间的不平衡。以中国唐代法制发展为例，以"安史之乱"为界限，此前法律发展顺畅而发达，制定的《唐律疏义》更标志着中华法系的形成。但此后，法律发展日益走向下坡路，和唐前期法律发展的兴旺发达形成了鲜明对照。这种法律发展时间上的不平衡性几乎贯穿于中国古代每一个朝代，前期发达到中晚期衰落成为历朝历代法律发展的命定轨迹。这说明法律发展并非直线向前发展，而是在迂回和后退中艰难行进。新中国成立后法律发展的不平衡性最集中体现在空间上，比如东部和西部、城市和农村、边疆少数民族区域和内陆地区等在法律发展方面均存在不平衡性。总之，探讨法律发展的多样性和不平衡性规律，应成为《中国法制史》课程不可忽视的基本教学思路。

四、结　语

从学理上讲，"中国法制史"作为课程和学科两者存在内涵和外延上的明显差异，不能将两者混同，否则势必造成理解困境。从课程的视角来看，《中国法制史》课程酝酿并正式设置于西法来华、移植西法的社会环境下，从一开始该课程就与传统的史学范畴严格区分，自诞生之日即为培养法学人才而设，明确法学基础理论课程之属性和定位。对于《中国法制史》课程最初设置情况，可以为破除"历史学和法学交叉学科"同时又是"法学专业必修课程"所面临的困境提供客观依据。作为法学基础理论课程的《中国法制史》对培养卓越法律人才具有重要意义，因此，有必要深入探索教学思路，从"法律的历史"向"历史中的法律"思维转变，在教学中注重把握以探讨法律发展规律为根本教学宗旨。诚然，本文对教学思路只是从宏观层面进行了初步探索以抛砖引玉。对于讲述"历史中的法律"之《中国法制史》课程应在每一个具体问题的教学思路中均能够落在法律发展规律探讨的教学宗旨上，从而真正确立《中国法制史》课程与另一门法学基础理论课程——《法理学》显著区分的独立地位，切实发挥《中国法制史》课程对法学人才培养的独特作用。

法律职业

Legal Propession

"法律职业指引沙龙"活动的实施与开展
——法律职业伦理与职业能力教育的一种方式探讨　莫爱新

"法律职业指引沙龙"活动的实施与开展
——法律职业伦理与职业能力教育的一种方式探讨

◎莫爱新[*]

摘　要：以"法律职业指引沙龙"活动切入，在第二课堂法律职业选择与发展主题中尝试性引入法律职业伦理与职业能力教育的内容，法科学生的德育工作与法律职业伦理教育密切关联，法律职业伦理教育第二课堂与第一课堂相结合，共同着力于培养法科学生法律职业素养。

关键词：法律职业指引沙龙　第二课堂　法律职业伦理与职业能力教育

对于法学或者法律硕士专业的学生而言，不管他们在校专业如何，也无论其毕业后的具体职业或者岗位如何，在校期间依照法律职业人才目标进行预设培养应该是没有太大争议的。因此，加强学生对法律职业的认知

---

[*] 莫爱新，男，中国政法大学证据科学院副教授，法学博士。

与理解，使学生尽早熟悉司法实践中法律职业伦理与法律职业能力的真正要求，从而能够有的放矢地开展在读期间的自我学习与生活，扎实法律理论，修炼法律职业伦理，锻炼法律职业能力，必然是学生在校期间成长成才的重要组成部分，也是开展好学生工作的主要着力方向。习近平同志来中国政法大学考察并发表"5·3"重要讲话中，更是向我们明确指明了"立德树人，德法兼修"的法治人才培养目标，为未来法治人才法律职业伦理与职业能力培养提出了客观而明确的要求。

一、法律职业伦理与职业能力教育

"法律教育者应当在教学过程中把法律知识和技能当作法律职业伦理加以讲授，或者至少把法律职业伦理融入法律知识和技能当中加以讲授。"[1]具体到法律人所从事的法律职业而言，职业技能与职业伦理是法律职业的一体两翼，同样不可或缺。就即将成长为法律人的法学在校学生即"准法律人"的教育而言，不能只重视职业技能教育而忽视职业伦理教育，恰恰更"需要通过职业伦理来保障其职业技术理性中的道义性成分发挥到最高程度；还需要通过职业伦理教育来抑制其职业'技术理性'中的非道德性成分，克服其职业病，使之控制在最低程度。"[2]但在法学教育实践中，对于法律院系中如何开展法律职业伦理教育确是仁者见仁，智者见智，可谓形式多样，既有课堂教学，如讲演法（包括司法实务课）、案例教学法、示范法、电影教学法等，也有实践教学，如法律诊所、专业实习等；就教学主体而言，除了法学教师外，法官、检察官、律师等各种法律职业人也参与其中；就具体内容而言，除了法律职业伦理的规范教育外，也涉及在不同岗位法律职业具体实践中职业伦理规范的表现认知、养成及其行为伦理的把握。本文认为，第二课堂作为大学生喜闻乐见的教

---

[1] 刘晓兵：《法律职业伦理教学的三个维度》，载许身健主编：《法律职业伦理论丛》，知识产权出版社2013年版，第164页。

[2] 孙笑侠：《法律家的技能与伦理》，载《法学研究》2001年第4期，第18页。

育形式，自有独特优势参与其中。"请律师或者法官、检察官亲身讲述在执业过程中如何秉持法律人应具有的职业道德，以加深同学对理论知识的理解"；[1]"示范法是指任课教师邀请司法经验丰富的法官、检察官和律师在讲座上为同学现身说法，讲授他们对法律职业伦理规范的认识。"[2]借助第二课堂的平台，创新课外活动形式，引司法实践人士入法科学生法律职业伦理与职业能力培养，应当是法学教育的一种良好探讨方式。基于此种思维，在具体工作实践中，笔者在法律硕士学院工作期间开办了"法律硕士成长论坛"活动（自2010年起，每年开展一届活动，至今已经开展近十届，尽管后来的活动由其他老师指导开展，但活动主题始终聚焦在"法律职业成长下法律硕士学生的教育、培养与成长成才"）；自2015年起，在证据科学研究院开办了"法律职业指引沙龙"活动，每年一届，至今已经连续成功开展了三届活动。

二、"法律职业指引沙龙"活动的具体展开

通过对活动形式与内容的把控、参与活动嘉宾的选择与分析、活动的宣传三方面内容，主要在总结"法律职业指引沙龙"活动的实施与开展的基础上，从法律职业的实践成长、法律职业伦理与职业能力的客观养成视角出发，对与本校相类似活动加以横向比较与分析，对活动本身进行系统性考察与反思，力图使本活动能够成为一种既有利于学生进行职业选择，又有利于学生法律职业伦理与职业能力提升的学生工作模式。

（一）活动的形式与内容

按照法律职业的不同范畴，通常沙龙活动可以分为法检与公务员专场、律师专场、企事业法务、鉴定与公证专场。每个活动

---

[1] 袁钢：《高校法律职业伦理课程的调研与分析》，载许身健主编：《法律职业伦理论丛》，知识产权出版社2013年版，第142页。

[2] 刘雪斌：《吉林大学法学院法律职业伦理教学的现状与思考》，载许身健主编：《法律职业伦理论丛》，知识产权出版社2013年版，第156页。

专场由嘉宾讲堂、主持人提问、互动交流三个主要构成部分。一是嘉宾讲堂环节。为嘉宾主动分享环节，主要由嘉宾就各自的职业特点、职业基本素质与要求、求职与成长经历、工作现状、体验与感悟、福利待遇、晋升前景等方面为大家做出分享。二是主持人提问环节。由主持人事先通过问卷征集问题，根据问卷统计出同学们关注的共性问题进行提问。可能涉及不同法律职业的素养要求、如何围绕目标职业做好成长规划、职业伦理与职场礼仪、时代背景下的法律职业选择等。三是互动交流环节。①嘉宾提问。由主办方事先与嘉宾沟通，请嘉宾准备几个颇具代表性的小问题，如：职场中常见问题、职场中新人常遇问题、求职者容易忽视的典型性问题等，由嘉宾现场发问，同学举手回答解决问题的方法或看法，嘉宾最后进行点评。形式上可以采用类似情景模拟的形式，嘉宾反客为主，一针见血地提出或者指出一些具有代表性的问题，增加了双方互动过程中的问题针对性。②同学提问。与会同学就个性问题向一个或多个嘉宾自由提问，嘉宾针对同学们的问题展开回应。为鼓励同学们积极思考与发问，调动与塑造积极的氛围，此环节会针对提问同学进行赠书或者赠送小礼品。

  活动的开展需要注意以下两点：一是学生未来真正从事何种法律职业具有或然性，故法律职业沙龙活动的开展是一个体系性活动，而不是一个选择性参与的活动，旨在让全体同学对未来法律职业形成宏观性认知。在活动的实际开展中，是面向全体学生的第二课堂教育活动，也是全员全程参与的教育活动，系列活动的时间安排会充分考虑到学生的实际，不会让他们存在活动参与的两难性选择，也不会将活动堆积在一起进行"灌输式"教育。活动的体系性与全员参与性主要考虑：法学教育的培养目标是从事立法、执法、司法以及其他社会领域所需要的法治人才，是具有法律知识、技能与素养的通识人才，而不是某个职业的职业教育。此外，既然是"沙龙"，我们也尽可能创造与提供轻松愉快的活动环境，活动总是会有赞助商提供适当的食品与饮品。在活动的体系性、全员全程的参与性以及轻松愉快的活动环境方面，一定程度上区别于中国政法大学法学院举办的"法律人成长引航系列"活动、法律硕士学院举办的"法律硕士成长论坛"活动。二是活动内容上注意调动学生的积极主动性，引导他们思考并提出自身的成长需求，形成问题，活动前进行问卷调查、整理与归集；通过主持人与嘉宾的事前沟通，强化嘉宾回应的针对性与实效性。当然，往届活动效果的事后问卷追踪调查，也是后期活动内容上需要特别回应与相应改革的。总之，事先与事后的问卷调查及其问题凝练事关沙龙活动的品质、深度与效果。

（二）参与活动嘉宾的选择与分析

嘉宾是学生未来成长的"标杆"与"具象"。活动导引的成长目标不是"水中月，镜中花"，不是难以企及的"终极大师"或者"职业精英"，而是学生能够努力实现的现实目标，嘉宾与受众学生的"近似性"，更容易获得同学们的认可，增强嘉宾的信任度，使学生们可以清晰、亲切地感受到他们的成长轨迹，进而汲取他们宝贵的成长成才心得，扬长避短，在情感共鸣的基础上刻画自己的成长计划并付诸实际行动。考虑到活动的体系性，为此，三届活动总共邀请主讲嘉宾28人，其构成特征是：一是嘉宾的职业范畴是律师、法官、检察官、警察、政府公务员、公证员、企事业法务、证券从业人员、教师、社会工作者，涵盖学生将来进行职业选择的主要法律职业门类，充分体现了参与教育主体的多元性。二是本院教师与在校博士生、院友、校友是嘉宾的主渠道，学业背景与学生具有相同性或者相似性，有利于学生与嘉宾基于亲近、信任而产生共鸣与认同。三是从职业成长阶段上看，他们多处于职业快速晋升期或者成熟稳定期，而不是少数的行业"翘楚"，让学生能够感受到他们职业成长过程中鲜活而富有热度的职业心得以及对其学生阶段学业与生活的反思，使得嘉宾的"分享"实用与管用。

在嘉宾选择上，我们有以下两点工作启示：一是每一届活动的开展中，在嘉宾的选择上，要尽可能做到嘉宾所从事法律职业种类的全面与平衡，满足同学们不同法律职业发展的主观愿望与需求，同时保证法律职业伦理与职业技能教育的系统全面性。二是要从多数学生的成长成才的实际需求出发，嘉宾只要是学校阶段或者是工作阶段的优秀人物即可，不太赞成特别选择"远离"大众的"学霸""职业精英"等少数群体，使受众学生与嘉宾产生明显的"距离感"，感到可望而不可即。因此，对于"法律人成长引航系列"活动、"法律硕士成长论坛"活动中"学霸""名家"嘉宾的引入，我们持非常谨慎的态度。我们认为，他们可以作为励志人物出现在嘉宾心得分享的过程之中，从而激励或者增强同学们的法律职业荣誉感。

（三）活动的宣传

活动在校园宣传的形式，不外乎微信（微信群、公众号、朋友圈等）、网站、海报等。活动的宣传需要强调两点：一是活动前的宣传。活动开始前一段时间，做好前期活动的回顾性宣传，同时通过问卷调查开展好本期沙龙活动的问题征集，使广大受众同学了解这一活动的宗旨以及历史，充分听取大家的意见，增加活动参与的主人翁与主体意识，引发同学间对活动的交流与讨论，进而启发与思考自身成长的需求与目标，并最终聚焦与反映在问卷归集出的问题之上。对于最近两届沙龙活动，我院研究生会微信公众号事前消息推送的记录情况如下（全院学生总计260余名）：第二届活动中，第一期阅读量244，6赞；第二期阅读量113，2赞；第三期阅读量196，7赞。第三届活动中，第一期阅读量200，5赞；第二期阅读量161，5赞；第三期阅读量119，3赞。可见，活动前期的关注度与影响面覆盖了本院绝大多数学生，充分达到了前期宣传的预期效果。二是活动后的宣传。在三届沙龙活动的开展中，我们都通过院研究生会微信公众号在活动开展后进行了新闻推送报道。从记录来看，第一届活动中，第一期阅读量33，1赞，第二期阅读量171，7赞；第二届活动中，第一期阅读量137，7赞；第二期阅读量87，3赞；第三届活动中，第一期阅读量110，5赞，第二期阅读量185，11赞；第三期阅读量94，4赞。沙龙活动的影响力与关注度得到进一步印证，产生了积极的反响。

三、"法律职业指引沙龙"活动的问卷评价与活动目的再思考

（一）活动的总结与改进——对第三届沙龙活动结束后的问卷反馈进行分析

1. 问卷的发放范围与回收

本次活动的参加对象为我院2017级全体硕士研究生以及二年级的部分学生。在活动进行中，院研究生会干部发放了66份问卷，活动结束后回收了全部问卷。因此，本次问卷之于问卷调研对象是100%覆盖，100%回收。

2. 问卷的调查内容及回答统计

问卷设计了十个问题的选择性回答，回答情况统计如下：①56份认为这次交流活动有助于自己适应未来工作方面的需求、对于明确今后职业选择有帮助，9份不确定，1份未填。②52份认为这次沙龙活动的内容很适合自己，13份不确定，1份不同意。③61份认为主持人的提问都是自己关心的问题且与活动主题相关，5份认为不确定。④62份认为嘉宾明确地对主持人的提问进行了回答，3份认为不确定，1份未填。⑤59份认为嘉宾的回答对指引自己今后选择就业岗位很有帮助，7份认为不确定。⑥62份认为嘉宾的观点和理念都详细地表达出来了，3份不确定，1份不同意。⑦35份对本次沙龙活动的时间安排表示非常满意，23份表示满意，8份表示一般。⑧41份对本次沙龙活动的会场安排表示十分满意，20份表示满意，2份表示一般，3份表示不满意。⑨50份认为本次活动嘉宾分享经验环节最有吸引力，21份认为学生自由提问环节最有吸引力，4份认为主持人提问环节最有吸引力。⑩13份认为下次活动应当在会场布置方面进行提高，20份认为应当在内容设计方面进行提高，16份认为应当在嘉宾互动方面进行提高，6份认为应当在其他方面进行提高，11份未填。

3. 问卷调研的基本分析与思考

（1）从整体上看，问卷十个问题的设计能够紧扣活动主题，调研对象都进行了针对性响应与信息反馈。问卷的问题紧紧围绕同学们的"法律职业思考之问"而展开，问题的逐层提出、嘉宾的分享与回应也都能够以同学们的真实体验为中心而展开，针对疑问答复精准，富有启发与很强的激励效果。

（2）问卷问题回答的统计结果分析。①活动之于学生未来法律职业选择与职业发展的帮助效果与契合度。85%的参与同学对于活动的帮助效果予以积极肯定，79%的参与同学也认为活动整体契合自己，但是，也有少部分参与同学认为活动不适合自己并且在活动之后依然迷茫或者不明确。这些情况一方面反映出活动的巨大价值性，另一方面也显示出个别同学在活动之后依然需要继续进行针对性的指导与帮扶。②主持人与嘉宾的互动评价以及对于法律职业指引的效果分析。94%的参与同学认为主持人的提问以及嘉宾的回应互动良好，并且89%的参与同学认为他们的良好互动所产生的信息能够很好地回应同学们"关切"的活动。充分展示出职业指引沙龙活动过程的效率与效果。③多数活动参与学生（76%）认为，整场活动中嘉宾分享经验环节最有吸引力。一方面说明具体生动性的成长案例更具有感召力与激发性，提示我们嘉宾选择之于活动效果的重要性；另一方面也说明参与学生在法律职业认知与选择方面存在知识的严重稀缺与不足，从而难以主动地提出富有创见的思考问题，进一步印证活动开展的价值性与必要性。④根据问卷的补充性问题反映来看，活动中律师专题关注度最高。可以看出同学们在校园成长过程中的就业观念与职业价值取向，不仅促使我们要特别精心地做好律师专题的沙龙活动，也提示我们需要在日常整个教育与培养的环节中予以足够的重视与回应。⑤同学们还对活动的场所、布置与安排提出了不同的意见与更高的要求。

（二）沙龙活动目的的再思考

根据上述问卷调研情况来看，活动品质的进一步提升既有必要,更有可能。因此,回归原点,认真审慎地对活动目的的再思考恐怕是解决问题的关键之所在。总结近三年来活动的开展,活动始终贯彻这样一个主题:畅谈法律职业,明晰未来发展,通过各种优秀的法律职业工作者向同学们分享其自身职业阅历、心得与感悟,启发、引导、激励在校学生重点思考"如何合理、科学、实际地安排符合自身情况的校园学习与未来成长",促使同学们积极主动地学习法律知识、法律职业伦理与职业技能,尽早认识与理解法律职业,以期未来走向法律职业能够"软着陆",使他们能够真正站在前人的肩膀上,看得更遥远,思考得更全面,不走或者少走弯路,早日到达理想的职业彼岸。

有学者提出"把法律执业伦理教育作为法(学)律教育的灵魂"。并进一步认为影响法律职业伦理内化的因素有:社会环境的影响(包括经济、政治、文化、网络环境)、相关法律制度及其运行状况的影响、法律职业整体状况的影响、法律职业伦理规范及其运行机制的影响、教育状况的影响、自身因素的影响(包括人生观、价值观、认知和认同程度、自控力、需求满足程度、性格、家庭)。[1]可见,上述内化因素与大学生第二课堂的活动内容密切关联,完全可以体现于大学生日常教育活动之中,有目的地将其植入学生第二课堂活动内容,应是自然而然的事情。所以,就法科学生的教育而言,法律职业伦理教育与大学生德育是紧密相连的,围绕法律职业伦理教育开展德育,既是法律职业教育的内在要求,也是德育工作的目标所在。基于此认识,在未来活动的开展中,活动目的既要紧紧围绕法律职业的选择,也要注意法律职业技能的提升,更要落脚于法律职业伦理教育,充分地把法律职业伦理教育寓于法科大学生的日常德育之中。

检视"法律职业指引沙龙"活动的实施与开展,指导学生进行法律职业选择的目的明确,使学生尽早知晓了法律职业素养的综合需求与表现,引导学生重视学生阶段的学习与生活规划,激

---

〔1〕 李本森:《法律职业伦理(第3版)》,北京大学出版社2016年版,第299页。

励同学们在学校阶段有目的性地成长与成才。与近年来中国政法大学法学院举办的"法律人成长引航系列"活动、法律硕士学院举办的"法律硕士成长论坛"活动相比，两者在学生学术成长与培养、法律职业思维的养成、法律硕士专业学位培养与教育方面进行了较多的思考与探讨。这样看来，在活动目的上，"法律职业指引沙龙"活动的职业规划或者大学学习与生活规划性质明确，而"法律人成长引航系列"活动与"法律硕士成长论坛"活动的学术性教育或者法律思维训练的性质明显。就法律职业伦理教育而言，上述活动在活动的目的上都不是特别予以突出。因此，在"法律职业指引沙龙"活动的未来活动目的上，即如何做好同学们未来的法律职业指引，既要有战略上的法律职业规划指引，也要有战术上的法律职业伦理与职业技能养成的实际指引，做到战略与战术兼备。活动将继续在总结与思考中不断前行，也会充分汲取类似活动具有借鉴意义的有益做法，力争探索出一种更成熟有效的学生工作模式，更好地服务于同学们的成长与成才。

百花园

Spring Garden

法科大学生心理咨询案例研究　刘希庆
首都高校征兵动员模式探析
——基于三所高校征兵个案的比较研究　卜路军
新时代中国传统优秀企业家精神传承教学与培育　熊金武

法科大学生心理咨询案例研究

◎ 刘希庆*

摘　要：通过对某法科高校近三年来个别咨询接待的个案进行分析，以了解法科高校大学生心理问题的特点和规律。并从社会、家庭、成长经历三个因素分析了法科大学生心理问题产生的原因，然后针对原因提出了法科高校应该采取的应对措施。

关键词：法科大学生　心理咨询　案例

心理咨询工作是高校心理健康教育工作的重要途径，对于解决学生的心理困惑、提升学生的心理素质具有重要的意义。目前，国内大部分的高校均开展了心理咨询工作，并对每个接受咨询的个案进行了详细记录。对这些个案记录进行分析和整理，能使我们发现一些大学生心理问题的特点和规律。本文针对某法科高校近三年的心理咨询个案记录进行分析，试图进一步了解法科大学生的心理咨询现状，分析法科大学生心理问题的特点和规律，以此为法科高校开展心理健康教育工作提供

---

* 刘希庆，中国政法大学心理健康教育与咨询中心主任，副教授。

一些借鉴,以增强心理健康教育工作的实效性和针对性,提高服务质量与工作效率,切实提高法科大学生的心理素质。

一、结果统计与问题规律分析

本研究资料取自某法科高校心理咨询中心在 2015 年、2016 年、2017 年三年 648 例心理咨询个案,研究对象中的绝大多数为主动来访者。

(一)咨询人数分析

1. 咨询学生逐年增加

从表 1 的数据来看,近三年咨询学生逐年增加。通过调研其他高校,发现心理咨询学生逐年增加是各个高校都面临的问题,一方面是患有心理问题的学生确实越来越多,另一面也跟学生越来越接受心理咨询,认识到了心理健康的重要性有关。

表 1 三年学生咨询量

年份	2015	2016	2017
人数	152	208	288
比例(%)	23	32	44

2. 咨询学生的年级特征

从表 2 数据来看,大一咨询的学生最多,大四学生最少,大二、大三和研究生人数基本持平。进一步分析每个年级三年数据的增长率发现,研究生的增长最高,2017 年比 2015 年增加将近两倍的人数,而其他几个年级基本增加了 1 倍左右。

表 2 咨询学生年级人数

年级	大一	大二	大三	大四	研究生
人数	205	117	132	82	112
比例(%)	32	18	20	13	17

3. 咨询学生的性别特征

从表 3 数据来看,近三年咨询学生男女生的比例为 2.8:7.2。

该校男女的比例基本为3∶7，因此，在性别特征上并无明显差异。

表3　咨询学生的男女生人数

性别	男	女
人数	182	466
比例（%）	28	72

（二）咨询的时间特征分析

从表4来看，在咨询时间上，有两个明显特征：

1. 春季学期咨询人数明显多于秋季学期

这有两方面的原因，一是通过对数据进一步的分析来看，春季学期大一学生咨询的比较多。他们在经历了第一个学期的新鲜感之后，有些不适应的问题就突显出来，比如宿舍人际关系、自我定位、学业与职业规划等。二是春季是精神疾病高发、易复发的季节，由于气候变化的原因，影响人体新陈代谢的变化，容易导致人体的认知、情感、行为和意志等异常。

2. 咨询的高峰期一般集中在每个学期的中间两个月

开学初期，大学生从假期生活回到学校生活，还停留在假期的回味以及新入校的新鲜感之中，随着学习生活的开始，自我探索、人际关系、情感困惑等方面的压力随之而来；另外，学期中间没有考试的压力，学生能够沉下心来体会自己的生活，思考有关自身发展成长的一些问题，顾及自己内心的一些感受，容易产生解决自身心理困惑的需求，也有较为宽松的时间到心理咨询中心寻求帮助[1]。

表4　每个月咨询学生人数

月份	1	2	3	4	5	6	7	8	9	10	11	12
人数	27	16	31	98	117	57	11	0	45	86	92	68
比例（%）	4.2	2.5	4.8	15	18	8.8	1.7	0	6.9	13	14	10

---

[1]　王瑶、顾红：《河南大学心理咨询中心大学生心理咨询案例分析》，载《中国学校卫生》2009年第30卷第5期，第424~425页。

（三）咨询学生问题的严重程度增加明显

在心理学上，对于人的心理状态的划分，一般分为心理健康、心理不健康和异常心理三种状态。心理不健康是指人的心理活动处于一种动态失衡的心理过程，一般是有现实因素激发，在大学生中常见的因素有：学业压力、人际交往、感情问题、自我认识等。异常心理包括变态人格、神经症以及各类精神障碍。心理咨询的主要对象是心理不健康的人群，异常心理患者需要去精神科治疗。在大学生的心理咨询中，心理不健康的问题占大多数，异常心理问题数量较少。近几年来，法科大学生心理问题的严重程度明显增加，主要表现出以下三个方面的特征：

1. 异常心理学生逐年增多

如表5所示，三年内被转介精神科医院诊断为异常心理的同学为85人，占咨询总人数的比例为13%，其中2015年15人，2016年28人，2017年42人。在这85名同学中，其中抑郁症47人，焦虑症19人，强迫症9人，双相情感障碍5人。另外，精神分裂学生的人数也在增多，三年共有5人被诊断为精神分裂疾病。

表5　患有神经症学生人数

年份	2015	2016	2017
人数	15	28	42
比例（%）	10	13	15

2. 学生的心理问题呈现出一种复杂多样、弥散性的特点

心理问题对生活的影响往往不是单方面的，一般都泛化到校园生活和学习的各个方面。主要表现出三个特征：一是问题持续时间长，很多同学的心理问题不是在大学里出现的，而是在高中或初中时就已经出现，有的甚至在小学或幼儿阶段就已经出现苗头。大部分心理问题来源于其异常的原生家庭和成长经历。二是影响范围广，心理问题会影响学生很多的领域，比如人际、学

业、情绪、感情等各个方面,而不是一个领域。三是影响程度深,学生各种痛苦体验重,严重影响其社会功能。

3. 咨询次数明显增多

有研究分析发现,学生咨询次数的多少与心理问题的严重性程度呈明显的正相关,一般来说,心理问题严重的咨询次数明显增多[1]。我们以咨询次数超过 8 次的标准来看,三年中共有 133 人咨询次数在 8 次以上,占总咨询学生人数的比例为 21%。从表 6 的数据来看,超过 8 次的学生人数逐年增加。目前,最高咨询次数为 65 次。

表 6 咨询次数超过 8 次学生人数

年份	2015	2016	2017
人数	18	40	75
比例（%）	12	19	26

(四) 法科学生的心理问题在一定程度上体现了专业背景的影响

通过分析学生咨询的问题发现,法科学生的心理问题与原因具有明显的专业特点。法学专业大学生由于其专业性质,他们可能具有更强的法治意识且可能对涉及公正性的事件更加敏感,更加强调公正性,同时他们也有较多的机会接触到一些不公正的事件。因此,这些不公平的事件容易引发他们的心理波动甚至心理问题。

二、法科大学生心理问题的原因分析

人的心理的发展受多种因素的制约,是多种因素综合起作用的结果。除了遗传因素之外,社会环境、原生家庭、成长经历是最为重要的三大因素,也是引起大学生心理异常的主要因素。

(一) 社会因素

从时间上来看,我国大学生心理问题多发基本上是从 2000

---

[1] 马前广:《从心理咨询案例统计分析看当前学生心理健康状况》,载《思想理论教育》2012 年第 8 期,第 64~67 页。

年后开始的，2000年入校的学生基本出生在20世纪80年代，从那个时候开始，心理问题的发生率、严重程度逐年在提升。但是相关研究却表明，大学生心理健康的整体水平在逐步提高[1]。这种矛盾的现象说明大学生的心理健康出现了明显的两极分化的现象，一方面优秀的学生更优秀，另一方面心理问题的发生率和严重程度也越来越高。究其原因，社会因素是最为重要的因素。

从20世纪80年代起，中国社会进入改革开放的高速发展期，社会变革在带来我国经济飞速发展的同时，也使得人们的心理和行为受到巨大冲击，容易引发各种心理失衡和心理问题。具体表现在以下三个方面：

1. 竞争文化导致压力增加

从20世纪80年代开始，中国的经济从计划经济向市场经济转型，中国进入竞争型社会，竞争意味着有人会胜出，有人就会被淘汰。这样的竞争文化也体现在了学生的学习上，"分分分，学生的命根；考考考，老师的法宝""提高一分干掉千人"就是这种竞争文化最真实的反映。这种竞争给人们带来了巨大的压力，导致我国精神障碍的患病率快速上升，20世纪80年代，精神障碍患病率为1%左右，而到了2005年这个数据已经达到了17.5%。

2. 价值方向的多元化与"包办式"的教养方式产生矛盾

从整个社会背景来看，改革开放以来，我们处在东西方文化交叉、多种价值观冲突的时代，我们面对不同于以往的文化背景和多种价值选择。从小环境来看，大学以前，有些学生处于家长和老师的控制之下，所有的事情都由家长和老师安排好，中国父母、老师这种包办式的教养、教育方式使孩子缺乏独立的意识和自主选择的能力，一旦进入到大学这种相对宽松和自由选择的环境中，他们就感到困惑、迷茫，甚至产生心理障碍。

---

[1] 辛自强、张梅、何琳：《大学生心理健康变迁的横断历史研究》，载《心理学报》2012年第5期，第664~679页。

3. 社会不良现象的增多，加重学生的心理负担

腐败现象、贫富差距加大、不公平竞争等社会现象的增多，冲击着学生的心理，给学生造成了巨大的心理压力。例如，有些学生之所以选择读法学专业，是因为他们家庭遭受过不公正的对待，他们读法学的目的就是将来有机会给家人伸冤。

（二）家庭因素

家庭对人成长的影响作用最为直接，也是最大的。例如，相关研究表明父母关系不良、紧张或冲突，甚至经常吵架，孩子在人际关系中往往表现出自私、敌视等心理和道德方面的欠缺；单亲家庭中的孩子往往人际关系较为敏感，容易形成孤僻、冷漠、粗暴、自卑的人格特征[1]。

但是当我们探讨当前这些咨询学生的家庭背景和成长经历时，发现大部分的学生并没有经历这些创伤，而且他们的家庭条件良好、父母关系融洽，很多学生的家长都是知识层次比较高的，比如老师、公务员、企业白领、高级技术人员等。经过更深入的探讨发现，他们所经历的并不是传统意义上的创伤或伤害，而表现出了新的特点：这些学生的家长虽然取得了比较优异的成绩，也具备了一定的经济基础和社会地位，但是他们的内心却是焦虑的，缺乏安全感。比如，在法科高校中的学生有一个特点，很多学生的父母在公检法部门工作，他们是受父母的影响而选择了继续读法学专业。而相关研究表明，公检法类职业的公务员在公务员系统中压力最大，心理健康水平最低[2]。他们的这些焦虑和不安全感会表现在对孩子的抚养和教育上，他们对孩子高要求，高标准，必须按照他们的要求做，达到标准会受到过于泛化的表扬，达不到则受到过于泛化或严重的批评和惩罚。这种"有条件的爱"很容易使孩子形成负面的自我评价，并自动形成各种

---

[1] 张丹丹：《当代大学生心理问题研究现状综述》，载《中山大学研究生学刊（社会科学版）》2007 年第 2 期，第 136~141 页。

[2] 王继源：《公务员工作压力、心理健康与心理灵活性的关系》，中国科学院大学 2018 年硕士学位论文，第 37 页。

功能不良的信念和行为策略来进行应对。

（三）成长经历

除了家庭因素外，成长经历对于人心理发展的影响也是巨大的。在中小学教育中，一切向分数看，忽视了对学生品德、体育、美育的教育，使得学生适应能力和心理素质明显下降；另外，中小学多发的"校园欺凌"现象不容小视。"校园欺凌"对于受欺凌者造成的伤害通常是身体上和心灵上的双重创伤，而对于心灵的创伤更为严重，且容易留下阴影长期难以平复，甚至影响学生一生的发展。同时对于目睹欺凌现象的其他学生也会造成一定的心理伤害，由此会产生恐惧、内疚、自责、敌对等心理过程；在法科高校的课堂教学中，不可避免地会涉及大量的案例分析，这些案例也往往会让学生产生恐惧，容易引发心理障碍。

三、提升大学生心理健康水平的应对策略

大学生的心理健康教育是一个全社会的系统工程，需要社会、家庭、学校以及学生个人的综合努力。本文主要从学校的角度提出具体的应对策略，为法科高校开展心理健康教育工作提供具体的参考。

（一）充分发挥学校整体优势，提升学生的心理素质

1. 构建适宜大学生健康成长的学校环境

学校在调整和制定关于学生培养、管理、奖惩等制度时，要充分考虑大学生的心理承受能力和发展需求，从体制、文化、自然、人文等各方面构建适宜大学生健康成长的学校环境。法科高校学生权利意识比较强，对政策制定的程序比较关心，所以制定规章制度时要符合程序和流程，增强学生的参与意识，多争取学生的意见。

2. 加强班级等集体的建设，让学生有归属感

大学期间，班集体是大学生主要的存在形式，在集体中学习、娱乐、一起举办各种活动，一起成长。所以对班集体的归属感高、所在集体的凝聚力大、成员之间的人际支持充分、成员对

集体的认同感高就会影响一个学生的生活满意度、积极情绪和消极情绪的程度，也就是影响学生的主观幸福感[1]。但是现在高校的选课、上课制度以及管理制度使得班集体的概念弱化，比如大部分高校的班级没有固定教室，一个班的学生在一起上课的机会越来越少，有些班会甚至一半的学生都到不齐，组织的各种活动也少有人参加等，这些都使得学生对班集体的归属感、集体认同感大大降低，不利于大学生顺利适应大学生活。因此，高校需要通过改善选课上课制度、设立班级固定教室、组织开展符合大学生心理需求的各种活动，来增强班集体在大学生心理成长中发挥的作用。除了班集体的建设之外，党团组织、学生社团对学生的心理健康发展也具有很大的影响，也需要进一步加强建设。

3. 发挥辅导员、专业课老师的作用

在高校中，老师与同学的关系对学生的健康心理具有非常大的影响。作为辅导员和老师，很难解决社会和原生家庭的问题，但我们可以通过自己的努力给学生关爱和帮助，让他们在校园中发现生活的美好之处。首先，老师要引导学生正确看待社会与压力，既要让学生感受到社会的正面力量，也要合理地分析和认识社会的负面力量，形成对社会科学合理的认知；其次，要让学生感受到来自老师的"无条件的接纳"，原生家庭中的"有条件的接纳"是学生形成心理问题的重要原因，作为老师就不能只盯着学生的成绩，让学生成为"听话的、懂事的好孩子"，而应更好地去理解学生，把学生作为一个完整的"人"来看待。

（二）加强心理健康教育与咨询工作的专业化建设

1. 建立完善的心理健康教育工作体系

高校心理健康教育工作的对象不只是有心理问题或心理障碍的少数人，更是面向全体学生的心理辅导与心理关怀，以提升全体学生的心理素质为主要目标。因此，高校的心理健康教育工作应该是一个系统工程，包括心理健康教育、心理咨询、危机干

---

[1] 国琦：《大学生核心自我评价与班集体心理特征及主观幸福感的关系研究》，沈阳师范大学2015年硕士学位论文，第36页。

预、筛查评估、转介诊断等。各高校应根据学生的心理特点和发展规律，建立适合本校学生的心理健康教育工作体系。

2. 提升心理健康教育工作队伍的专业化水平

心理健康教育工作的理论基础来自于心理学，是一门专业性非常强的工作，因此，提升心理健康教育工作队伍的专业化水平是做好高校心理健康教育的保障。心理健康教育老师和心理咨询师应通过参加培训、督导、学术研讨等方式不断地提升自己的工作能力，学校要在经费、时间等条件上给予保证。

3. 工作内容与工作途径的专业化

当前，高校的心理健康教育属于学生工作，在工作内容和工作途径上既要与学生工作相结合，也要有自己独特的内容和途径。例如，在心理健康教育工作中，可以通过心理健康教育课程、班级活动、素质拓展等方式进行。心理健康教育课程的教学目的是从学生心理成长和人格培养的角度出发，通过相关心理学专业知识和理论的传授，增强学生心理保健意识，提高心理调节能力。课程教学内容所涉及的理论知识十分广泛和丰富，因此，该课程教学工作应由接受过心理学专业系统教育、具备较高学历水平的专职心理教师来承担。学生辅导员则主要承担组织学生开展与课程主题相关的班级活动或带领学生开展素质拓展和团体辅导等工作[1]。

（三）建立专业的心理危机应对机构和队伍

从近几年的工作实践来看，高校心理危机事件的发生率呈逐年上升趋势，近年来的资料也表明，高校学生自杀率高于一般青年自杀率，重点大学高于一般大学，研究生高于本科生。而且心理危机的影响广泛而深刻，给危机学生、家庭、学校、社会带来极大的损害和不稳定性。因此，学校必须通过建立专门的心理危机应对机构和工作队伍等方式来提升心理危机的应对能力。

---

[1] 马喜亭、刘立新：《〈精神卫生法〉规制下的高校心理健康教育工作探索》，载《新时代中国特色大学生心理健康教育》2018年第5期，第3~6页。

首都高校征兵动员模式探析

——基于三所高校征兵个案的比较研究

◎卜路军*

摘　要：2001年以来，随着大学生士兵征集比例的不断提高，征兵动员方式逐渐由社会征兵转向院校征兵。本文通过对北京市三所高校征兵动员个案的比较研究，运用社会动员理论，从参军观念的建构、征兵方式的选择与制度实践、青年学生的应征策略三个维度分析了当前存在的关系网络动员、物质动员、政治动员等征兵动员模式及其内在机制，并从国家与社会关系的视角探讨征兵动员的变迁以及原因。本文认为各高校基于自身动员资源和动员对象特性所发展出的多种动员模式，推动着征兵动员由一元化的"胡萝卜加大棒"式的社会征兵，向多元化的"胡萝卜加大红花"式的院校征兵转变，适应了后总体性社会下，社会多元化发展所带来的被动员者需求和意愿的多样化。

关键词：国家与社会关系　征兵　动员模式　动员机制　参与策略

---

* 卜路军，中国政法大学学生处副处长，讲师。

一、背景与问题

20世纪90年代以来，计划经济时代延续下来的社会征兵动员模式不断遭遇"征兵难"的困境[1]，为应对世界新军事变革的挑战，国家从国防现代化和提高兵员文化素质水平的战略需要出发，不断推进大学生士兵的征集工作[2]，将征兵动员方式逐步由原来地方武装部主导的社会征兵向院校征兵转变。

根据国防部和教育部发布的数据，从2001年首次征集2000余名在校大学生入伍，至2014年近15万大学生步入军营，大学生征召数量逐年增长。2009年有13万大学生步入军营，随后几年，大学生入伍人数逐年增长，入伍大学生士兵占历年补充兵员的40%以上，2017年全国大学生应征入伍报名的总人数达到了107.8万，比2016年同期增加了5.7万人，增幅达到5.58%。[3]某些高校集中地区如北京市的入伍大学生人数比例由2010年的33%提高到2016年的73.63%[4]，2017年已经达到了82.7%。[5] 2016年北京地区一些区县的大学生新兵比例达到了93%。[6]随着

---

[1] 此处的征兵难包括"两难"，即"兵员征集难"和"征集高素质兵员难"。参见陈四林、辛昕：《当前"征兵难"、"征集高素质兵员难"的主要原因及对策》，载《国防》2011年第8期。

[2] 2001年9月修改后颁布的《征兵工作条例》规定，"依法可以缓征的正在全日制高等学校就学的学生，本人自愿应征并且符合条件的，可以批准服现役，原就读学校应当按照有关规定保留其学籍，退伍后准其复学。"由此将大学生由"缓征"改为了"可征"。又到2011年修改后的《中华人民共和国兵役法》提出"在高等院校在校大学生和毕业生中征集士兵"的要求，实现了对大学生的"应征"。参见第十一届全国人民代表大会常务委员会第二十三次会议：《关于修改〈中华人民共和国兵役法〉的决定》，2011年10月29日。

[3] 中华人民共和国教育部：《今年逾百万大学生报名参军入伍》，2017年8月30日，http://www.moe.edu.cn/jyb_xwfb/gzdt_gzdt/s5987/201708/t20170830_312756.html。

[4] 参见金可：《千余"北京兵"昨起赴军营，大学生占比超72%创新高》，载《北京日报》2016年9月11日，第1版。

[5] 参见刘婧、李梦婷：《大学生参军入伍人数直线上升 占北京征兵总数八成以上》，载《北京青年报》2017年6月15日。

[6] 参见周景红、赵云华：《北京市朝阳区入伍青年93%为大学生》，载《解放军报》2016年9月11日，第1版。

大学生入伍的推行和发展，全日制普通高校在校生和应届毕业生逐渐成为征兵的主体，大学生成为新时期国家义务兵主力兵源。

高校如何在短短的十几年时间内，动员起数量庞大的高校大学生参军，从而实现了从"征兵难"到大学生征集比例不断提高的转变？在征兵方式逐渐由社会征兵向院校征兵的转变过程中，征兵的动员方式又发生了哪些变化？以往的研究多从个体主义方法论上探讨大学生参军的影响因素，或者从公共管理的角度讨论征兵政策的制度设置，但是征兵动员和参军行为的变迁总是外在制度与社会环境同个体选择交互作用的结果。因此，本文试图基于社会动员理论考察高校征兵的动员模式及动员机制，以此来探讨社会动员的转型与变迁。

二、文献回顾

征兵，从本质上来说是一个社会动员（Social Mobilization）[1]的过程，即兵役机构和征兵人员运用各种动员策略、途径、方法影响征集对象，使其在动员方式的影响下做出应征选择的过程。学界对中国社会动员模式与机制的研究，主要分三个阶段讨论，即新中国成立前革命战争年代的社会动员、建国后计划经济时代的社会动员，以及改革后的社会动员。

关于中国革命战争年代的社会动员，部分学者主要讨论不同

---

[1] 关于社会动员的具体内涵，有学者借鉴西方资源动员理论的范式，从社会动员的要素和运作方式等角度进行讨论，强调社会动员过程中传播、组织、资源筹集、倡议与游说等手段和方式对不同主体和社会运行机制的影响。参见陈叶纪：《社会动员的要素、运作方式与特点》，载《中国农村卫生事业管理》2000年第3期。还有部分学者从社会心理学的理论传统入手，从社会动员的特征与变化过程来对社会动员展开讨论，更加强调社会动员要素对人们态度、期望、价值取向与社会行动的改变过程。参见吴忠民：《重新发现社会动员》，载《理论前沿》2003年第21期；杨福忠：《从社会动员能力看当前国家同农民的关系》，载《黑龙江社会科学》2001年第3期；郑永廷：《论现代社会的社会动员》，载《中山大学学报（社会科学版）》2000年第2期；王仕民、郑永廷：《现代社会条件下的社会动员与引导对策》，载《社会科学》1997年第9期。在这些学者不断的讨论与建构中，社会动员的概念逐渐融合了作为政治军事术语的动员（社会运行机制的改变）和工作方法的动员（说明、号召、发动）的含义，并有新的延伸。

战役中兵员动员、物资筹集的方式和策略,特别是国共两党在抗日战争[1]、两次内战时期对民众的动员[2]。另一部分学者则更加关注中共革命与社会动员关系的探讨,马克·塞尔登(Mark Selden)的"群众路线模式"[3]和陈永发所提出的中共动员农民"制造革命"[4]的观点,开启了对中共革命与动员之间关系的探讨。李里峰将抗日战争时期的动员称为民族话语下的乡村动员,提出抗战时期中共通过抗日救亡的民族话语、减租减息的民生主义动员和政权建设而不断壮大,而到了内战时期,动员方式则转变为以土地改革进行利益导向的动员、以阶级划分进行身份导向的动员和以诉苦清算进行情感导向的动员。[5]此外,郭于华[6]、方慧容[7]等学者则着重分析了土改中,诉苦作为一种特殊的动员技术和动员机制所发挥的作用。

对于新中国成立后的社会动员,伯恩斯坦(Thomas Bernstein P.)从中苏两国农业合作化的比较研究来对社会动员模式展开讨论,[8]认为与苏联通过功利性和工具性的"命令式动员"实现农业集体化不同,中国是通过"参与式动员"实现的农业集体化,

---

[1] 参见张燕萍:《抗战时期四川兵力动员研究》,载《抗日战争研究》2008年第4期。

[2] 参见黄琨:《革命与乡村:从暴动到乡村割据(1927~1929)》,上海社会科学出版社2006年版;陈周旺:《从"静悄悄的革命"到"闹革命"》,载《开放时代》2010年第3期。

[3] [美]马克·塞尔登:《革命中的中国:延安道路》,魏晓明等译,社会科学文献出版社2002年版。

[4] Yung-fa Chen, *Making Revolution*, *The Communist Movement in Eastern and Central China, 1937~1945*, California: University of California Press, 1986.

[5] 李里峰:《中国革命中的乡村动员——一项政治史的考察》,载《江苏社会科学》2015年第3期。

[6] 郭于华、孙立平:《作为历史见证的"受苦人"的讲述》,载《社会学研究》2008年第1期。

[7] 方慧容:《"无事件境"与生活世界中的"真实"——西村农民土地改革时期社会生活的记忆》,载杨念群主编:《空间·记忆·社会转型》,上海人民出版社2001年版。

[8] Bernstein, Thomas P., "Leadership and Mass Mobilization in the Soviet and Chinese Collectivization Campaigns of 1929~1930 and 1955~1956: A Comparison", *The China Quarterly*, 31 (1967).

更加注重对群众进行思想教育来提高群众的觉悟。周晓虹、于建嵘分别从农业集体化和人民公社的研究入手，指出国家政权通过对资源的有效控制，利用利益机制和宣传手段、动员技巧实现了对农民的有效动员和控制。[1]孙立平则将建国后的历史时期划分为总体性社会和后总体性社会来进行讨论，分析了改革以前的参与式动员、运动式动员、组织化动员等丰富多样的动员模式。[2]改革以后，随着国家对社会的"松绑"和市场的渗透，传统的参与式动员、运动式动员、组织化动员效果逐渐下降，[3]城市与乡村发展出了新的动员方式。较为明显的有20世纪90年代乡村普遍存在的经营式动员，借助市场方式对组织因素和正式权力加以运用，通过营造动员者与被动员者利益共同体的方式来实现动员，[4]此外，农村基层政府为完成征粮任务，通过对民间本土性资源的运用和对正式权力的非正式行使来实现动员。[5]同时，城市地区出现了地方性权威式动员，借助政府赋予的行政权威和自身构建的地方性互动网络来实现对居民的动员[6]，并在不断的变迁中发展出采纳诸多现代元素的新型的传媒动员、竞争动员[7]和参与动员[8]等方式。

---

〔1〕　参见周晓虹：《1951～1958：中国农业集体化的动力——国家与社会关系视野下的社会动员》，载《中国研究》2005年第1辑；于建嵘：《人民公社动员体制的利益机制和实现手段》，载《中国农业大学学报（社会科学版）》2007年第3期。

〔2〕　参见孙立平、晋军等：《动员与参与：第三部门募捐机制个案研究》，浙江人民出版社1999年版，第63～69页。

〔3〕　参见孙立平、王汉生、王思斌、林彬、杨善华：《改革以来中国社会结构的变迁》，载《中国社会科学》1994年第2期。

〔4〕　参见马明洁：《权力经营与经营式动员——一个"逼民致富"的案例分析》，载《清华社会学评论（特辑）》，鹭江出版社2000年版。

〔5〕　参见孙立平、郭于华：《"软硬兼施"：正式权力非正式运作的过程分析——华北B镇定购粮收购的个案研究》，载《清华社会学评论（特辑）》，鹭江出版社2000年版，第132页。

〔6〕　参见杨敏：《公民参与、群众参与与社区参与》，载《社会》2005年第5期。

〔7〕　参见王仕民、郑永廷：《现代社会条件下的社会动员与引导对策》，载《社会科学》1997年第9期。

〔8〕　郑永廷：《论现代社会的社会动员》，载《中山大学学报（社会科学版）》2000年第2期。

在不同的社会背景和动员模式下，被动员者的参与策略也经历了一系列的变迁。有学者对抗日战争年代的知识分子从军现象进行研究，认为青年学生是出于对民族主义话语的认同而应征的[1]，还有学者认为在中共的革命动员策略下，"农民获得利益之满足、身份之建构、情感之唤起从而对中共的革命提供参与性支持、认同性支持和物质性支持"[2]。对于计划经济时代社会动员下普通人的参与策略，有学者将其称为庇护主义关系[3]，魏昂德（Andrew G. Walder）通过研究单位制时代工厂内部的权威结构与工人的行动策略，提出在单位制下，由于单位全面垄断资源并实施个人化控制，使工人对单位形成组织化依赖，人们通过与上级或者干部建立个人化的依附关系来追求个人利益，获得物质、资源和机会。[4]改革以后，随着国家控制的下降和居民阶层的分化，城市社区逐渐形成了基于各自不同需求的依附性参与、志愿性参与、身体参与和权益性参与。[5]国内外学者关于社会动员的有关讨论，涉及动员的定义和特征、动员的背景、动员类型、动员技术和机制、被动员者的参与策略等方面。从社会动员来看，征兵动员模式和机制的变化，就是探讨高校和政府如何调动大学生的参军积极性，一方面，社会动员的分析中对动员形式的重视，将会考察不同背景下动员手段的运用及其变化，将制度实践的分析推向深入；另一方面，社会动员分析视角对动员对象能动性的重视，将会考察不同动员模式下被动员者的参与策略，兼顾制度实践和主体意愿，从而将制度实践的分析路径与被动员者的主体性和能动性统合起来，为征兵动员模式及其内在机制的研究提供关

---

[1] 参见刘玉芹、刘敬忠：《抗战末期"十万知识青年从军"运动评述》，载《抗日战争研究》2010年第3期。

[2] 李里峰：《中国革命中的乡村动员——一项政治史的考察》，载《江苏社会科学》2015年第3期。

[3] Oi, Jean C., *State and Peasant in Contemporary China: The Political Economy of Village Government*, California: University of California Press, 1989, p. 6.

[4] Walder, Andrew G., *Communist New-Traditionalism: Work and Authority in Chinese Industry*.

[5] 参见杨敏：《公民参与、群众参与与社区参与》，载《社会》2005年第5期。

键的着力点。

三、研究方法及分析框架

本文主要采用多案例比较法[1]和扩展个案法[2]，选取了北京市三所高校的征兵动员案例，关于研究个案的选取，本文采取分层目的抽样法，从北京市91所院校中按照大专院校、普通本科、重点高校的分层方法，从不同层次的院校中选择各层次中最具有"类型代表性"[3]的典型个案，分别为北京市G学院、N学院、M大学，以此来获得最大限度覆盖征兵动员中的不同情况的个案。这三个高校都具有较强的典型性，较好地反映了专科、普通本科、重点高校三类不同院校的征兵模式和动员特点。[4]同时，三个高校的征兵动员分别呈现出不同的动员取向和动员形态，以这三个高校为研究对象，可以更好地透视征兵动员的现状，分析征兵动员模式的有关问题。

本研究在资料收集方面采取了访谈法以及文献研究法。访谈的对象包括2位地方政府征兵工作的负责领导、8位学校武装部的征兵工作者、50名退役的大学生士兵以及20名普通学生。同时通过收集三个高校征兵动员的档案资料、网络文献资料与新闻报道资料，了解三个高校关于征兵动员的制度实践和青年学生的

---

[1] 参见[美]罗伯特·K. 殷：《案例研究：设计与方法》，周海涛等译，重庆大学出版社2004年版，第10~25页；应星：《草根动员与农民群体利益的表达机制——四个个案的比较研究》，载《社会学研究》2007年第2期。

[2] 参见卢晖临、李雪：《如何走出个案——从个案研究到扩展个案研究》，载《中国社会科学》2007年第1期。

[3] 参见王宁：《个案研究的代表性问题与抽样逻辑》，载《甘肃社会科学》2007年第5期。

[4] 这三个高校都是在各自层次高校内征兵动员开展得比较好的高校。G学院是北京市的一所大专院校，曾连续三年是该区参军学生最多的院校，征兵工作得到了地方党委、政府和人民群众的肯定和赞誉，五次被评为征兵工作先进单位。N学院作为北京市一所普通本科院校，是高校征兵制度改革的首批试点单位，从2001年开始便每年都有学生参军入伍，其动员过程历经了历次征兵政策的调整。而M大学是全国知名的"985"和"211"高校，尽管征兵工作历程较短，但由于其特殊的地位，涌现了较多的先进典型，多次被作为征兵工作的模范。

应征策略。

对于个案的分析,本文通过对比三个高校在参军观念建构、征兵动员的制度实践、青年学生应征策略等三个维度的差异,分析高校有关政策、征兵动员导向对征兵动员变迁的渗透和影响,进而从宏观的社会变迁背景出发探究三个个案所共同体现出来的征兵动员特征,通过国家与社会关系的视角来探究征兵动员变迁背后社会动员机制的转型。

四、院校类型与征兵动员模式

征兵动员的核心在于发展出一套行之有效的办法,动员役龄青年改变观念,克服对参军的顾虑和畏惧,激发参军热情,应征报名。不同的院校因其所拥有的动员资源和动员对象不同,其动员手段和动员策略呈现出各自的特点。

(一) G 学院:专科院校的关系网络动员

G 学院是一所以信息职业技术培训为主的大专院校,共有学生 8000 余人,83% 为北京生源,2006 年至 2016 年,该校共有 300 多名学生参军。2009 年之前,G 学院遭遇了当兵冷、征兵难问题,三年内仅有 31 名学生入伍。为此,学校进行了深入的调研分析,"那年党委会上大家认为,我们大部分学生都是北京孩子,舍不得离开父母和朋友,而且都怕到部队吃苦,主要还是大部分家长认为现在没人当兵"[1]。当时,G 学院遇到了学生和家长两方面的阻力。

从 2009 年开始,学校注重从情感上做通学生和家长的工作,在学生的关系网络中融入征兵动员者。在 2009 年的新生军训中,学校选择了一些该校退役的学生担任军训教官以及新生班主任助理,通过退伍学生向在校生展示参军带给学生的变化。在该年的征兵宣传中,退伍学生作为"流动宣传员"直接进入到各个班级为学生答疑解惑。

---

[1] 访谈资料辑录,访谈编号 Gt16061201,刘林(化名处理),男,G 学院武装部副部长。

对于学生家长的工作则从根本上推动了征兵工作的开展，学校组织各院系访问家庭经济困难学生、学业成绩后进学生的家庭，通过寄信、家长会等方式向学生家长介绍参军带来的经济收益、就业优待以及学业帮扶，对有意愿参军而家长反对的家庭，G学院老师多次带队到家走访劝说，从而获得了大部分家长的支持，将学生家长转变为了参军动员的主体。

为了营造人人向往参军的氛围，G学院开展了定向越野比赛、"走近兵营"活动、"青春系国防"主题演讲比赛，从而极大地调动了学生的参军积极性。2009年G学院共有150多人报名，最后96人被送往军营，其中多为街道、班级或者宿舍等朋友圈子的团体性参军群体。此后几年，G学院充分运用这种本地生源所带来的强关系的同乡地缘群体和亲缘群体的优势，着力打造参军的支持网络，开展对参军学生的人文关怀和成才帮扶计划。从2009年起，学校每年举办隆重的入伍欢送仪式，定期赴部队走访慰问服役学生和家庭经济困难的入伍学生家属。此外，从2011年开始，G学院针对退役学生开展就业培训会，成立了以退役大学生士兵为主的国旗班，并支持退役的学生先后成立三个学生社团，将退役的大学生安排到学校、班级、学生党支部之中担任学生干部。在对G学院参军学生的访谈中，普遍谈道，"在我们学校，大家都觉得去当兵比待在学校念书更有利于自身的发展，比在学校读书有前途"[1]，还有一部分人谈道"爸妈一直支持我去当兵，宿舍的几个哥们约着一起去当兵，大家一起去那儿就不怕了"。[2]通过体系性的征兵支持网络，G学院形成了良好的参军氛围。

（二）N学院：普通本科院校的物质动员

N学院是北京市属的一所以农林专业为主的普通本科院校，

---

[1] 访谈资料辑录，访谈编号Gs16071502，张晓航（化名处理），男，大三普通学生。

[2] 访谈资料辑录，访谈编号Gs16091801，章运辉（化名处理），男，大三退役学生，14年大三参军。

共有学生14 000余人。从2001年首次作为高校征兵改革的试点院校时便有学生参军，2001年至2016年共有316名学生入伍。2009年之前，由于国家各项政策并不明晰，N学院参军人数波动较大。"2004年那时没人报名，有几个学生愿意去，但前提是得帮他们转专业，但当时可没这个政策，后来我们请示领导，学校决定既然学生看重这个，那就可以转嘛，当时我们是全国第一家这样做的，包括当时优抚政策只有两万块的学费减免，后来学校在北京市的基础上制定我们自己学校的优抚政策时就认为，既然要鼓励，就多帮学生考虑一点，从2005年开始，学校拨出经费为学生代偿全部学费，还免除了学生的住宿费。包括后来我们制定了入伍学生的专项奖学金，并每年增加金额。为了让学生在部队干出点成绩，2007年后还针对优秀士兵、三等功、二等功设置了2000元、3000元、5000元的奖励金。"[1]对于退役的学生，学校不仅为其提供实习岗位、学业辅导、技能培训，还建立了"入伍大学生发展研究工作坊"，为退役的大学生推荐就业单位。N学院的这一系列举措都推动了2009年北京市优抚政策中关于学费代偿、专业转换、就业服务等一系列政策的变革，也激励了各高校在政府优抚政策的基础上制定各自的政策，提高优抚力度。

　　N学院武装部老师曾将其每年的征兵动员形象地概括为"给学生算三笔账"，获得高额优抚金和奖励金的经济账，获得入党、评优的政治账，以及得到锻炼、就业优待、基层工作经历等人生账。建立在现实利益的基础上，N学院实现了对学生参军观念的变革和参军积极性的调动。在N学院提供的利益刺激下，参军被赋予一种社会交换的意义。一名退役学生谈道"用两年的青春，获得十多万的补偿，还得到了锻炼，以后在政治上、就业上帮扶也多，还是挺划算的"。[2]

---

〔1〕 访谈资料辑录，访谈编号Nt16100801，周志强（化名处理），男，N学院武装部副部长。

〔2〕 访谈资料辑录，访谈编号Ns16090802，范研志（化名处理），男，14年毕业学生，12年大四参军。

(三) M 大学：重点高校的组织化政治动员

M 大学是全国知名的"985"和"211"高校，共有学生两万余人。2004 年至 2016 年共有 184 人参军。M 大学的校长将征兵视为"既是政治任务，也是 M 大的精神诠释。"[1] 在征兵动员组织上形成了"校党委—武装部—学院—辅导员"的四级动员体系，层层下达任务和指标，由此建立起立体式、全覆盖的宣传动员格局。

M 大学征兵动员的重点在于对大学生参军的意义解读与宣传。由于 M 大学的名校光环，其多名参军学生被媒体树为宣传的楷模与标兵，成为各类征兵宣传大使。同时，M 大学多次配合国防部、教育部举办"高校大学生征兵工作启动仪式"，并搭设展台进行现场咨询，这种国家层面上的政治和仪式活动极大地激励了 M 大学的参军热情。

M 大学也充分利用这些仪式、符号的作用，在征兵十周年之际将其四十多名入伍学生的军营成长典型故事编辑成书进行出版，并邀请到多位军地著名人士为其撰写评语。同时，由该校退役大学生运营的军旅主题公众号和一名退役学生撰写的军旅日记，得到多家军地媒体的支持，在互联网和各高校引起了极大的反响。这种参军成为光荣典型的氛围一直"弥散"在 M 大学中，而 M 大学也在不断将其仪式化。

在 M 大学的征兵宣传话语体系中，"从军梦""青春""成长"等一系列话语被不断地塑造。"每次武装部政委一来开动员会，就讲什么国内外形势、保家卫国，我和他说呀，你讲这个没人听，现在的孩子都不喜欢听这一套，12 年的时候，我在团委那边找了一群学生，做了个青春洋溢的征兵宣传片，孩子们非常喜欢，后来看微信的人多了，我们就每个月在微信上推送优秀入伍大学生的事迹。13 年新兵入伍和学生军训都在 9 月份进行，所以我们就通过新生军训大会开展入伍欢送会。举行由全体新生为所

---

[1] 访谈资料辑录，访谈编号 Mt16120401，张立邦（化名处理），男，M 大学党委武装部部长。

有入伍学长送行，让入伍学生在新生面前集体宣誓，全体新生向学长敬礼的仪式。"[1] M 大学通过典型塑造和仪式表演这种政治社会化的方式，将典型榜样化，建构了"优秀退役大学生士兵"这一带荣誉光环的政治身份，为征兵动员提供了具有感召力的符号资源和象征性刺激。

五、动员模式及其内在机制的比较分析

对于征兵动员的比较研究，须探究不同征兵动员模式的动员策略、内在机制及其形成的背景和原因，探讨它建构了何种类型的参军观念，不同动员下被动员者的参与策略如何。

表1 三所高校动员模式对比

	G 学院	N 学院	M 大学	三所高校的共性
参军观念的转变与建构	从"怕吃苦"到"当兵更有前途"和"爸妈都很支持"	从学业中断、发展落后后的顾虑到"参军可以带来不错的经济收益"与"参军更有利于学业发展和就业"	从"重点大学生为什么要参军"到"实现不一样的军旅青春""成为优秀榜样"的抉择	从被动员者自身利益和情感的角度来重新解释参军行为的知识建构过程
征兵动员模式的选择与制度实践	本地生源所带来的社会关系网络影响	试点院校的政策优势和参军学生的家庭经济背景	名校的政治优势和宣传效应	三种动员方式在不同的组合下呈现多种形态
青年学生的参与策略	受自身社会关系网络影响的情感性参与	通过参军获得经济收益、专业发展和就业帮扶	对政治资源的追求和自我价值的实现	获取个人发展资源的选择性参与

---

[1] 访谈资料辑录，访谈编号 Mt17010601，熊兆武（化名处理），男，M 大学武装部宣传科长。

（一）参军观念的转变与建构

征兵动员的机制，不仅体现在各种动员方式运行的特征上，更为重要的是对动员意义的建构，即如何通过为参军赋意来克服学生对参军的顾虑与畏惧，又建构何种价值取向的参军观念，因为征兵动员终究是通过对人们情感、态度、价值观念的改变来达到动员目的的。

首先，G 学院学生存在对于部队生活艰苦，训练和管理严格的认知，对参军存在畏惧心理。而 G 学院则通过关系网络和人文关怀来缓解学生对于生活环境的依恋和对军营的畏惧。参军首先被赋予了为了家庭和自身发展而做出正确选择的价值取向，得到了父母亲友的支持与鼓励。"当兵更有前途"和"爸妈朋友都很支持"共同造就了参军的意义，使得参军成为一种受社会关系网络影响，并且是有利于自身发展的选择。

对于 N 学院来说，动员阻力来自学生对学业中断、发展落后于同辈群体的顾虑，所以不断有学生提出转换专业、提高奖金、帮助就业等一系列要求，而动员机构顺势回应，以现实的物质利益为驱动，将参军与获得经济利益、专业转换和就业支持挂钩，不断建构出"参军可以带来不错的经济收益"与"参军更有利于学业发展和就业"的观念。参军在成本收益的计算中成为一种理性选择，物质上的经济收益和专业发展、就业帮扶成为对其"牺牲两年青春的补偿"。

而在 M 大学中，动员阻力来自学生"我作为重点大学的学生，好不容易考上这所学校，发展前景良好，为什么要放弃学业去参军"[1]的疑问。对此，M 大学为参军赋予"优秀""榜样"等一系列积极的象征符号，在动员机构从组织上和宣传上为其赋予的政治意义下，典型被不断地塑造，参军学生得到了各种仪式上和物质上的表彰，经过宣传营造的媒介环境和仪式形成的"文

---

[1] 访谈资料辑录，访谈编号 Ms16062201，苏帅（化名处理），男，大二普通学生。

化表演"而建构出"名校退役大学生士兵"这一带有政治典型意义的身份，使参军成为了"实现不一样的军旅青春""成为优秀榜样"的抉择和自我实现的重要途径。

尽管征兵动员的不同形式对参军观念的影响不同，但上面的几种参军观念都完成了从被动员者自身利益和情感的角度来重新解释参军行为的知识建构过程，它既不同于革命战争年代保家卫国的民族主义观念，也不同于计划经济时期为社会主义建设、国防安全牺牲奉献的参军观，而更多地将参军与被动员者自身发展与自我价值实现结合起来。

（二）征兵动员模式的选择与制度实践

原本由地方政府开展的社会征兵为何在向院校征兵的转变过程中发展出不同的动员模式？各高校又是如何在不同模式间做出选择的？

对于 G 学院来说，作为一所普通专科院校，所能运用的政治和经济资源有限，但因其学生多为本地生源，使其倾向于采取情感性的动员策略，为其参军选择提供各种地缘性群体的支持。G 学院充分运用了被动员者的社会关系网络，一方面通过对学生家长做工作完成了对参军观念的变革，另一方面又通过退役士兵介入到学生的日常管理生活中，对其社会关系网络产生直接影响，由此来建立对参军的群体共识和价值认同。

对于 N 学院来说，其作为试点院校的地位使其可以通过政策的变革来回应被动员者的要求。而 N 学院中有参军意愿的学生大都家庭经济相对困难，其大部分希望通过参军改善自身的经济状况和就业出路。通过利益刺激来动员更多的学生报名参军，使得 N 学院的各项政策在不断满足学生利益需求的过程中走向物质动员的取向和利益刺激驱动模式。形成了一种以利益为杠杆，以政策引导、制度激励为主要手段的物质动员。

而对于 M 大学，其独特的名校地位使得学生被宣传为典型与榜样，为参军赋予了更多的政治含义，M 大学通过书籍的出版、网络的推送、宣传视频的制作实现了对参军话语的建构，将参军更多地与"青春""梦想"这些颇具时代气息的意涵联系了起来,借助各种仪式活动形成一种"文化表演"来将其扩展延伸,并不断强化人们对"名校优秀退役大学生"这一政治身份的认同。这些动员话语与仪式对于被视为"精英学生"的 M 大学学生来说,恰恰满足了其对自身发展的需要,为其提供了自我实现的机会。

在征兵动员的具体实践中,由于被动员者需求的多样性,三种动员方式在不同的组合下呈现多种形态。正如奥尔森所言,"可以肯定,经济刺激不是唯一的激励,人们有时候还希望去获得声望、尊敬、友谊以及其他社会和心理目标。"[1]

(三)青年学生的参与策略

征兵动员是一个动员者与被动员者双向互动的过程,青年学生主体需求的多样性导致其采取不同的参与策略。对于 G 学院学生来说,身边有参军的同学或者朋友,就会带动起参军的情绪,形成群体性的支持,带动起社会关系网内的学生一起参军。"虽然我爸妈很鼓励我去部队锻炼两年,但是谁也不想离开北京去过那种苦日子,后来我们班主任助理是个退伍的学长,我们一个玩得好的兄弟受他影响,鼓动说一起去当兵,起初大家也就说说,后来越说越觉得当兵还是挺不错的,而且大家一起去就没啥好担心的了,还觉得挺有意思,然后我们一个宿舍都去了"[2]。这种受自身社会关系网络影响而参军的学生更多的是一种情感性参与。

而对于 N 学院的学生来说,则更关注参军所获取的物质资源和政策红利。"我是大二那年去当的兵,主要还是因为原来的专业不是很好,就业比较困难,后来看到参军可以转换专业,找工作还有专项的招录岗位。后来想想,去当两年兵也不亏,获得的经济补偿比在地方上班工资还多。"[3]通过参军获得经济收益和专

---

[1] [美]奥尔森:《集体行动的逻辑》,陈郁译,上海人民出版社 2011 年版,第 70~71 页。

[2] 访谈资料辑录,访谈编号 Gs16112701,彭鑫(化名处理),男,大三退役学生,12 年大一参军。

[3] 访谈资料辑录,访谈编号 Ns16102801,段玉张(化名处理),男,12 年毕业退役学生,10 年大四参军。

业发展、就业帮扶来实现"曲线就业"是这类学生的主要参与策略。

而对于 M 大学的学生，参军不仅能实现自身价值，还能获得政治荣誉，促进自身发展。"我原来一想吧，读书的生涯还那么漫长，去当两年兵，体验不一样的生活也挺好的，特别是看到那些参军回来的师兄师姐们，真的变得特别优秀，气质都和我们不一样，我想有了退役大学生士兵这一身份，以后会发展得更好。"[1]对于政治资源的追求和自我价值的实现是这类学生的主要参与策略。

尽管青年学生的参军策略存在对物质资源的依赖性，但参军更多地成为获取个人发展资源的选择性参与。它适应了后总体性社会下人们对生存资源和生活资源依赖度降低的现实，转而更加关注青年学生对发展性资源的需求，满足其渴望自我表现、实现自我价值等情感需求。

六、国家与社会关系视角下的征兵动员

征兵作为国家向社会抽取资源的一种方式，嵌入在国家与社会关系变动的背景之中[2]。我国于 1998 年推行义务兵与志愿兵役相结合的兵役制，使得参军虽然在法律上名为"义务"，但已经越来越成为个人的自主选择。伴随着社会环境的变化，社会成员主体意识的增强，以前强调统一宣传、号召和发动的社会征兵已经不再能够发挥预期的效应。动员主体面对日益分化和疏离的社会现实，不得不针对不同特征的动员客体而采取不同的动员模式，改变原有的参军意义框架与话语体系，通过提供更多的物质刺激和象征性刺激来回应被动员者的需求，以实现被动员者最大

---

[1] 访谈资料辑录，访谈编号 Ms16062301，龚传盟（化名处理），男，大二退役学生，12 年大一参军。

[2] 参见夏少琼：《建国以来社会动员制度的变迁》，载《唯实》2006 年第 2 期。夏少琼指出，中国正经历从"强国家—弱社会"向"强国家—强社会"转变，动员对象从高度统一的一元化社会向原子化个体、多元化社会发展，动员轴心也从爱国主义、政治压力向爱国主义、政治荣誉、个人利益方向发展。

限度的需求满足。征兵动员从原来总体性社会下一元化的社会征兵方式,向着多元化的院校征兵方式转变。[1]

如果把兵役改革前基于革命号召和政治压力下的征兵动员视为"胡萝卜加大棒"式的动员方式的话,那么兵役制度改革后所形成的院校征兵更像是一种"胡萝卜加大红花"式的动员方式。征兵动员逐渐摆脱计划经济下,依靠政府的行政指令与对资源的垄断性分配、单位自身的组织化属性、强大的意识形态教育来推动的"大棒式"动员模式,而转向提供"大红花"式的关系网络的情感支持、个人发展帮扶、政治荣誉身份建构等积极情感上的满足。而"大红花"的建构则根据动员对象的差异和占有的动员资源多少呈现出不同的形态。[2]这与兵役改革前政治压力下对人们资源匮乏恐惧的运用不同,改革后,随着社会"自由流动资源"的增加,加之院校因其动员机构的"去权威化",而更多地调动人们的认同、向往等积极性的情感,通过不同方式为青年学生提供发展性资源,使其在情感、态度和价值取向上获得尊重和自我实现的满足,促成青年学生对参军选择的认知解放与认同信任。通过这种途径实现了对各个群体的动员和对个体的激励,以此适应社会多元化发展所带来的被动员者主体需求和意愿的多样化。

七、结论与讨论

通过本文的研究发现,自兵役制度改革以来,大学生征集比率的不断增长与征兵动员方式的转变密切相关。院校征兵一方面

---

[1] 同时也需要注意到的是,现有的征兵动员方式仍然体现出对总体性社会动员的"路径依赖",三所高校中共同存在的各种有组织、有制度的评奖、评优活动就带有竞争动员的色彩,这些荣誉表彰活动是征兵动员中最常见的资源动员技术;G 学院和 M 大学组织的各种军营体验活动则体现出参与式动员的特色;而最为普遍的则是广树典型的动员实践,无论是在 N 学院,还是在 M 大学,典型不仅可以将抽象的征兵政策变为生动的形象解释,还向大众传达了国家所提倡的价值观和人生观。

[2] 在本文的三个案例中,G 学院的"大红花"是家人和朋友的支持与赞许;N 学院的大红花是自身专业的转换和就业的发展;而 M 大学的大红花是获得"优秀退役大学生士兵"这一政治身份。

吸收了计划经济时代的动员方式,同时立足不同院校动员资源和动员对象的特性,发展出了不同形态的征兵动员方式。以关系网络动员为主要特点的征兵动员模式,将征兵动员的组织网络渗透到高校学生的人际网络之中,为征兵动员构建起了情感性的社会支持网络。而物质动员模式则通过对被动员者现实利益的关注将国家的征兵意志置换为青年学生寻求改善经济状况、获得学业发展和实现就业的切身利益,使得利益刺激成为青年学生参军的主要动机之一。组织化的政治动员模式已经摆脱原来民族主义、爱国主义的模式,通过不断地典型塑造和话语建构,将参军的政治文化与普通学生的个人发展有机地联系起来,既增加了参军收益在个人发展中的能见度,又将参军的动员话语灌输到学生的个人发展规划中,潜移默化地改变着青年学生的价值取向和认知框架。

征兵动员模式在国家与社会关系的变动背景之下,已经由总体性社会下一元化的社会征兵方式转变为后总体性社会下多元化的征兵动员,其动员机制也从"胡萝卜加大棒"式的政治动员转变为"胡萝卜加大红花"式的多元化动员,在为青年学生提供各种情感性支持、发展性资源、政治荣誉身份等需求满足的基础上,实现了社会动员机制的转型,有效地完成了国家对社会人力资源的抽取。

经过一系列征兵动员模式和动员机制的变革,青年学生的参与策略也实现了一场"静悄悄的革命",从总体性社会下通过庇护主义关系寻求生存和生活资源,转变为一种基于自我实现的发展性参与策略。但是与计划经济时代征兵动员中的保家卫国的政治理想及信念相比,目前的征兵动员还缺乏明确的价值基础,未来征兵的意义建构到底走向何种价值取向,这是征兵动员进一步发展的挑战之一。

新时代中国传统优秀企业家精神传承教学与培育[*]

◎ 熊金武[**]

摘　要："激发和保护企业家精神"是十九大报告中非常重要的内容，也应该是创新创业教育的重要构成。企业家精神的培育离不开继承和创新传统优秀企业家精神文化。企业家精神的培育需要强化历史传统，也要注重结合改革开放四十年来的实践经验，介绍中国历史上涌现的优秀企业和企业家。企业家精神培育不仅可以通过创新创业课程，也可以在专业课程和思想政治课程中强调有关内容，是一个跨学科的全面的培育体系。法学教育和经济学教育对激发和保护企业家精神培育至关重要。另外，企业家精神培育需要注重实践性，强调案例教学。企业家精神的培育离不开创新文化，更需要发展的创新，在教学中体现新时代中国特色的企业家精神内涵。

关键词：企业家精神　创新创业　传统文化教育

---

[*] 本文受到中国政法大学教学改革立项项目、中国政法大学研究生教育教学改革项目、北京用友公益基金会资助项目支持。

[**] 熊金武，男，中国政法大学商学院副教授。

十九大报告指出我国经济已由高速增长阶段转向高质量发展阶段，需要实施创新发展战略。如何实现真正的创新驱动型经济增长呢？创新的主体主要就是企业家。所以十九大报告也把"激发和保护企业家精神"作为非常重要的内容。"发扬企业家精神"是习近平"两个健康"思想的题中应有之义和有机组成部分。[1] 2014 年 11 月，习近平同志就已经指出，"我们全面深化改革，就要激发市场蕴藏的活力。市场活力来自于人，特别是来自于企业家，来自于企业家精神。"2017 年 3 月政府工作报告中，李克强总理提到，"激发和保护企业家精神，使企业家安心经营、放心投资"。2017 年 9 月国家出台《中共中央、国务院关于营造企业家健康成长环境弘扬优秀企业家精神更好发挥企业家作用的意见》，强调"企业家是经济活动的重要主体"。这个文件具有历史性地提出和强调激发企业家精神。

企业家精神不是凭空而来的，而是需要传承和培育，尤其是需要在创新创业教育改革中予以凸显。2015 年 5 月，国务院颁布《关于深化高等学校创新创业教育改革的实施意见》确立了到 2020 年建立健全高校创新创业教育体系、普及创新创业教育的总体目标，可谓是从教育改革角度体现了企业家精神教育的内涵。培育具有企业家精神的优秀企业家应该是新时代创新创业教育的应有之义。

一、时代呼唤企业家精神

企业家精神的定义主要有两种。第一类强调风险。坎蒂隆将社会分成被雇佣人员和企业家，认为企业家承担不固定且不确定收益。奈特区分了风险与不确定性，认为"风险"是可度量的，"不确定性"是不可度量的。[2] 企业家是承担不确定性的决策者，因为在企业经营决策过程中，企业家面临的是不确定的未来，需

---

[1] 杨卫敏：《习近平"发扬企业家精神"思想探析》，载《统一战线学研究》2017 年第 2 期，第 52~60 页。

[2] 白少君、崔萌筱、耿紫珍：《创新与企业家精神研究文献综述》，载《科技进步与对策》2014 年第 23 期，第 178~182 页。

要敢于冒险。第二类强调创新。熊彼特提出企业家是从事"创造性破坏"的创新者。德鲁克提出"创新是展现企业家精神的特殊手段"[1]。企业家是创新的主体,企业家是从事"创造性破坏"的创新者。"创新是展现企业家精神的特殊手段"。只有不断地创新,才能成为具有企业家精神的企业家。显然,创新和承担风险是企业家精神的重要品质。

改革开放40年来,企业家推动了国家进步,民营企业的发展给中国经济的发展增添了活力。同时,我们也不要忽视国有企业中的企业家。正是具有企业家精神的国有企业家,推动了国有企业的改革发展,做大做优做强了国有资本。所以要激发和保护企业家精神,包括激发国有企业家的作用。

我们看到改革开放时期,正是民营企业、国有企业的企业家推动了中国经济的发展和变迁。为什么在今天我们要进一步强调激发和保护企业家精神呢?这与中国经济增长的阶段性紧密相关。在过去40年里,中国经济实现了持续稳定高速增长,被称为中国经济的奇迹。从1978年到2017年,中国的GDP总量从3679亿元上升到83万亿元、11.9万亿美元,与整个欧洲大陆GDP总量齐平。如果按照购买力平价计算,中国GDP总量已经超过美国、欧盟,跃居世界第一。同时,购买力平价计算的人均GDP也达到了1.6万美元。中国数亿人摆脱贫穷,让世界变得更加平等,为世界繁荣做出贡献。

同时,我们也要注意到,过去40年中国经济增长的成就主要是后发式经济增长。也就是学习发达国家的先进技术和管理制度,通过城市化、工业化,实现经济增长,中华民族前所未有地接近民族复兴的伟大梦想。我们也正处于超越发达国家,走一条前所未有的道路的时期。这意味着,后发优势已经快耗尽,人口红利消失,正面临着中等收入陷阱的危险。中国经济进入了一种新常态,这种新的常态就需要我们采取新的经济增长方式。创新

---

[1] [美]德鲁克:《创新与企业家精神》,机械工业出版社2007年版。

就是推动中国经济增长的新路径。创新的主体不仅仅是科学家、工程师,因为科学家和工程师提高的是技术效率,这种技术效率的提高需要转换为生产力才能对社会经济做出贡献,这种转换就需要企业家敢于冒险尝试采用新技术、用心创新经营管理方式,提高社会经济效率,这就需要发挥企业家精神。具有企业家精神的人将新技术转换为生产力,才能推动社会进步。

怎么去激发和保护企业家精神呢?一方面,需要营造有利于企业家精神发挥的环境。包括依法保护企业家合法权益的法治环境、促进企业家公平竞争诚信经营的市场环境、尊重和激励企业家干事创业的社会氛围。构建一种好的法治环境、法商环境,才能让企业家可以安心地去创新,习近平同志提出要构建一种"亲""清"的新型政商关系,相处"亲密"而不失"分寸"。另一方面,企业家要充分把握发展大势,客观认识经济形势,看到肩上的担子,切实强化职责、使命和意识。当然,激发和保护企业家精神最基础的就是给予企业家自由和产权保护,让企业家能够受到法律保护去创新创造。[1]当然,归根到底,都需要通过改革,改革开放创造了宝贵的中国企业家和企业家精神,企业家和企业家精神也推动创造了中国经济奇迹。在新时代,我们需要用全面深化改革,让企业家精神得到更彻底的释放。伟大的新时代,是企业家最好的时代,更需要企业家推动、创造一个伟大民族复兴的大时代。

企业家精神离不开企业家教育。高素质的企业家群体是经济起飞的重要力量。优秀企业家培养是激发和保护企业家精神的应有之义。企业家教育背景对企业家行为影响显著。例如,研究发现"技术背景的企业家相比于其他背景企业家有更多的研发投入,并且这种促进作用在企业面临融资约束时更为显著"[2]。企

---

[1] 邵传林、张存刚:《法治如何影响了企业家精神?》,载《经济与管理研究》2016年第1期,第89~95页。

[2] 李四海、高丽:《企业家社会资本与研发投入及其绩效研究》,载《科学学与科学技术管理》2014年第10期,第105~115页。

业家是可以培养的,企业家精神是可以培育的。培育企业家文化资本对企业家精神的生成和发展产生重要影响。[1]自2014年提出"大众创新,万众创业"以来,党和国家高度重视,各校纷纷开展了创业教育工作。创业教育肩负着培养创业型人才的重要使命以及建设创新型国家的重要任务。围绕企业家精神的培养开展创业教育可作为高校创业教育模式宗旨之一。

二、企业家精神培育需要传承优秀传统企业家文化

历史上的企业家和传统企业家精神为企业家精神的教育提供了众多良好的素材。

第一,激发和保护企业家精神需要历史视角。改革开放以来,企业家在社会财富积累、就业岗位的创造以及经济社会的发展方面有重要的贡献,因此有必要加强企业家和企业家精神基础性、战略性重大问题研究。中共十九大报告强调"激发和保护企业家精神,鼓励更多社会主体投身创新创业"。培育和弘扬企业家精神是经济新常态下供给侧结构性改革的重要内容。改革开放40年历程中,企业家是最具活力和创造性的主体,在推动经济发展中扮演重要角色。艰苦奋斗、勇于创新、敢于担当,是他们最为可贵的精神特质。当前,步入新常态的中国经济正处在转型升级、爬坡过坎的关键时期,时代召唤广大企业家振奋精神、放开手脚,闯出一片新天地。

传统的企业家精神研究被函括在传统商业文化研究中。中国传统商业文化涵盖了经济行为和文化行为两大方面的多种形态关系,经过不断包容—异化—传承,形成了以商业制度和商业伦理为核心,以乡规民约和民俗文化为外在表现的中国传统商业文化体系。[2]清末中国传统商业文化虽然受到海洋文明和国内新兴资

---

〔1〕 徐静、赵静、吴慈生:《企业家文化资本与企业家精神》,载《管理世界》2016年第3期,第180~181页。

〔2〕 刘建生、张宇丰,《中国传统商业文化论纲》,载《山西大学学报(哲学社会科学版)》2016年第6期,第134~144页。

本主义思想的强烈冲击，但依然有很大一部分被保留至今。挖掘中国历史上企业家精神也需要在教育中传承下去。

企业家精神，尤其是中国特色的企业家精神根源于中国传统文化环境，因此激发和保护企业家精神需要历史视野。从《史记·货殖列传》记载的秦汉企业家，到明清商帮，再到近代企业家和改革开放时期企业家，中国企业家精神可谓光辉灿烂。西方世界的兴起也离不开企业家精神。历史维度的企业家精神尚待扎实耕耘。理解历史上的企业家精神不仅有利于培育和弘扬企业家精神，而且有利于认知中国与世界长期的经济变迁。

坚定中国特色社会主义文化自信需要弘扬企业家精神，特别需要挖掘中国本土形成的传统企业家精神。企业家精神具有鲜明的国情特点和时代特色且是企业文化和企业核心竞争力的重要组成部分；文化自信是一个国家、一个民族发展中更基本、更深沉、更持久的力量。

第二，企业家精神教育与中华优秀传统文化传承博大精深的中华优秀传统文化是我们在世界文化激荡中站稳脚跟的根基。2017年1月25日中共中央办公厅、国务院办公厅印发了《关于实施中华优秀传统文化传承发展工程的意见》，要求"贯穿国民教育始终"，"推动高校开设中华优秀传统文化必修课，在哲学社会科学及相关学科专业和课程中增加中华优秀传统文化的内容。加强中华优秀传统文化相关学科建设，重视保护和发展具有重要文化价值和传承意义的'绝学'、冷门学科。"把"完善中华优秀传统文化教育"作为深化教育领域综合改革的重要任务，从而增强国家文化软实力，加强国际传播能力和对外话语体系建设，推动中华文化走向世界。事实上，2014年教育部制定了《完善中华优秀传统文化教育指导纲要》，提出构建中华优秀传统文化传承体系，在课程建设和课程标准修订中强化中华优秀传统文化内容，开设专题的地方课程和校本课程，增加中华优秀传统文化内容比重，结合课程教学环节渗透中华优秀传统文化相关内容。知行合一是传统教育理念很重要的内涵。修身齐家治国平天下是有机的统一。所以传统文化充满了丰富的经世济用之学。在优秀传统文化中挖掘历史上的企业家精神可以正确把握企业家精神的正确道路和价值观。

创新和承担风险是企业家精神的重要品质。所谓"富者必用奇胜",中国历史上的企业家正是在积极创新中兴起的。顶身股制度和家族治理的企业治理创新分别支撑了晋商和徽商庞大的商业版图;宋代四川商人关于交子的金融技术创新支撑了繁荣的纸币经济。同时,中国古代商人也不乏冒险意识。万里茶道和丝绸之路都是企业家冒险走出来的。同时,我们看到中国传统强调企业家的社会责任,强调企业发展与国家命运的统一,强调一种家国情怀,这是构架中国特色企业家精神教育所需要强调的。

大学时期是青年价值观形成的关键时期,大学生作为国家未来的建设者和可靠的接班人,是振兴中华民族的主力军。所以,如何在大学课程中融合中华传统文化就值得关注。这对于企业家而言尤其重要。高校开展传统优秀企业家精神教育刻不容缓。新时代更呼唤伟大的企业家精神教育。从企业家精神培育主体、路径、方法和保障四个层面,可以构建高校创业教育模式。[1]如何在中华传统文化中挖掘企业家精神具有重大的意义。

三、企业家精神培育探索

企业家精神培育是大学生教育很重要的内容,也是创新创业教育的应有之义。可以从以下五个方面予以探索。

第一,在创新创业教育中凸显企业家精神培育,尤其是中国传统优秀的企业家精神。例如,为本科生创业社团主讲《中国历史上的企业家精神》,让同学们理解中国传统企业家精神的优秀文化,为双创教育提供历史维度的帮助。在中国政法大学宣传部录制的视频课程《激发和保护企业家精神》中,就包括了历史上的企业家精神,并以明清晋商和徽商为中心进行考察,提炼中国

---

[1] 孙云龙、刘万兆:《大学生创业教育模式探索——基于企业家精神培养视角》,载《思想教育研究》2013年第11期,第87~89页。

历史上企业家精神的特征。

第二，在专业课程教育中强调传统企业家精神培育。在各个专业历史维度的课程教学中，可以强化传统企业家精神教育。在《中国经济发展史》《量化史学专题》《中外经济思想比较》《世界金融史》等课程授课中，更多地将企业家精神的内容以专题形式融入进去，做好传统企业家精神教育，对中国历史上的企业家和企业家精神进行专题性的挖掘，具有相应的知识储备。包括对中国先秦企业家思想、历代商人文化的挖掘，从历史的角度阐释中国的企业家精神，提出对现代企业家精神的启示。《中外经济思想比较》课程可以增加中外企业家精神比较、企业家精神研究在学术研究中的地位等。在《习近平中国特色社会主义思想与当代中国》课程中，可以综合国家提倡激发和保护企业家精神、倡导中国传统优秀文化教育和双创教育的大背景，结合自己教学和研究实践经验，将中国传统企业家精神带进课程，让学生了解、认同中国传统企业家精神。

第三，依法保护企业家精神教育。法律是激发和保护企业家精神的根本保障之一。长期以来，法律对保护企业家精神没有充分的重视。例如《刑法》1979年有投机倒把罪，1997年才取消投机倒把罪，这让很多个体户和中小企业家没有受到充分的法律保护。在法学课程中，可以强调依法保护企业家精神的价值和地位，中国历代企业家对社会的贡献，介绍历史上法律保护企业家的案例。

第四，强调实践教学。立德树人需要知行合一。习近平同志在视察中国政法大学时发表的重要讲话中指出"法学学科是实践性很强的学科，法学教育要处理好知识教学和实践教学的关系。要打破高校和社会之间的体制壁垒，将实际工作部门的优质实践教学资源引进高校"。一方面，大学生教学应该强调走进社会。没有调查就没有发言权，也不能了解企业家精神教育的现状。可以带领学生走进企业家，参与企业调研，了解企业实际，从而对企业家和企业家精神有一个全面的认识。另一方面，也可以邀请企业家走进校园，走进课程。法大商学院邀请了中国建筑材料集团公司董事长宋志平、民生银行董事长洪崎等企业家走进校园，介绍企业家精神，都是有意义的尝试。邀请企业家进入课堂，将学术界的研究者和企业界的实践者结合起来，在现实情境中通过自主的反思探索企业家精神的内涵。实际工作者和教师共同合作，通过在实践中实施、验证而不断修正关于企业家精神教育的经验和规律。

第五，强调案例教学。企业家精神教育需要强化案例教学。中国历史上有丰富的企业家精神。这些企业家精神包含在历史上企业家的各种故事中。从这些故事中提炼出中国特色企业家精神，更有利于教学的开展。因为很多同学比较熟悉这些历史故事，这使案例教学将会更接地气。在授课教师日常科研中，可以系统总结一些有价值的企业家精神案例，然后在课程中讲授。例如中交集团港珠澳大桥的故事和民族企业家管彤贤的人生经历，都引起了学生的注意。在《政治经济学（二）》的教学中，组织同学参与改革开放 40 年里重要的企业家调研，就是让同学自己参与企业家精神案例的考察。丰富多彩的案例教学有利于让初学者认识到企业家精神的可贵。

四、中国特色企业家精神培育

了解中国历史上企业家精神的状况和发展脉络，认识到企业家精神对中国长期经济变迁的影响，让学生形成历史思维和传统文化思维，比较中外企业家精神，更好地掌握中国传统企业家精神的特征，成为中国传统文化的继承者。增强学生对中华传统文化的认同，传统企业家精神作为传统文化的重要组成部分是增强民族文化自信和价值观自信的重要来源，对此的学习可以避免盲目接受外来文化，增强传承弘扬中华优秀传统文化的责任感和使命感，敢于继承和创新中国传统企业家精神，在新时代创造辉煌。

第一，自主学习和探究能力是关键。增强学生对中华传统企业家精神的认识和了解，理解企业家精神的内涵，树立传统文化的教育自觉，提高学生对中华优秀传统企业家精神的自主学习和探究能力。既要根据不同学习阶段学生身心发展特点，区分层次，突出重点，又要加强各学段的有机衔接，逐步推进。要根据教学以及学科规律实施教学，在教材和材料的选用上要有针对性，在内容上要有所取舍。根据学生的特点以及课程的客观情况，实施多种形式的教学方式。关键是要提高学生对中华优秀传统文化的自主学习和探究能力。

第二，传统企业家精神教学需要跨学科课程相结合。包括现代经济学前沿理论，比如将跨文化研究、实验经济学等结合起来，介绍文化因素与经济行为关系的有关研究成果；中国经济史和经济思想史研究，比如东西方大分流、李约瑟之谜、中国经济奇迹等；法学、历史学和社会学等学科。不仅要了解中国历史上的传统企业家精神，还要睁眼看世界，了解世界上不同民族的文化，去其糟粕，取其精华，从中获得启发，求得创新，为我国新时代企业家精神的塑造提供源泉。避免仅仅运用西方经济史和经济思想案例带来的片面性，促进研究生的跨文化理解，做到树立世界眼光，博采众长。

第三，师生互动，总结经验。对实施教育课程的教学效果进行检查与总结，需要有关主管部门和专业教师对它的具体教学模式，已经存在的以及今后在教学过程中会遇到的问题等进行讨论，以找出不足，及时在下一轮教学实践中加以完善。探索多种形式的教学方式和途径，通过微信、mooc等，与学生及时沟通交流。力争将企业家精神传承教育与双创教育结合，培育成探索新教学模式的特色课程，使它不仅成为学生喜爱的课程，而且还要成为我校双创课程的特色。

传统企业家精神毕竟需要传承，也需要创新，而这都是企业家精神培育的当然使命。时代赋予中国特色企业家精神以内涵，而且随着社会发展和时代进步，这一内涵还将不断丰富和拓展。大学教育中强化企业家精神培育需要一边实践，一边总结，在及时解决教学实践中出现的问题的情况下探索新的视角和方向。